GIGAスクール はじめて日記

堀田龍也・佐藤和紀・三井一希・渡邉光浩 [監修]

静岡県焼津市立豊田小学校 棚橋俊介
宮崎県都城市立南小学校 西久保真弥 [著]

Chromebookと
子どもと先生の4カ月

さくら社

情報端末がやってくると教室がどうなるかを調べるプロジェクト

堀田龍也 ●東北大学大学院情報科学研究科・教授

情報端末がやってくる。これも時代の流れと前向きに受け止めたい。でも先生たちは不安なはず。なぜなら，情報端末がある教室がどんな風になるのかがわからないからだ。そんな問題意識から今回の実践が始まった。

1 「端末が来たらどうなるんだろう」

GIGA スクール構想によって，2020 年度後半から，義務教育段階の全国各地の学校の子どもたちに 1 人 1 台の情報端末が届くことになった。子どもたちが 1 人 1 台の情報端末を活用しながら学ぶという姿は「令和の時代の学習」の姿である。

子どもたちが全員情報端末を持つというのは，時代の流れだということは理解できるとはいえ，多くの現場の先生たちには以下のような不安が渦巻いていることだろう。

もうすぐ情報端末が届くけど，届いたら子どもたちにどうやって渡せばいいのか。最初に指導しなければならないことは何だろうか。そもそもその情報端末でどんなことができるのだろうか。子どもたちはきっと凄いスピードで慣れていくだろうけど，教員である自分はついて行けるだろうか。もし情報端末に不具合が出たら，どう対処すればいいんだろうか。子どもたちだけで解決できるのだろうか。子どもたちは落として壊したりしないだろうか。情報端末ばかり見て，自分の授業を聞かなくなってしまうのではないだろうか。そもそも情報端末は授業の合間にどこにしまわせるのだろうか。帰る時にはどうするのだろう。毎日使わせなくちゃいけないのだろうか。

結論から言えば，これらのことはすべて「案ずるより産むが易し」。やる前はたいそう不安だが，数カ月後にはすっかり気にならなくなっているだろう。そして先生たちが考えるべきことは，学級経営と授業づくりに集約されることになる。

でもそうなるためには，授業だけでなく日頃からの情報端末の取り扱いについて子どもたちとルール形成をしていく必要がある。学級びらきに「黄金の三日間」があるように，情報端末との出合わせ方でも，初期の段階で徹底しておかければならないこともあれば，段階的に決めていけばよいこともあるはずだ。でも今の段階ではそのノウハウは無い。多くの先生は，情報端末を持って学習している子どもたちを見たこともない。

このプロジェクトは，こんな問題意識から始まった。

② プロジェクトの目的

このプロジェクトでは，GIGA スクール構想で調う情報端末やネットワーク環境を先んじて準備し，2つの学級で一足先に情報端末に出合ってもらい，そこで何が起こるかを記録し分析し，まもなく全国で起こる時のために役立つ情報を得ることを目的とした。

もう少し具体的に言うと，子どもたちと情報端末をどう出合わせるのか，どのくらいの期間があれば活用できるようになるのか，先生はそんな子どもたちにどのように寄り添おうとするのか，授業はどんな風に変わっていくのかなどについて，できるだけ自然体の実践を通して記録していこうとするものである。

実践は 2020 年度の 2 学期に始まった。

③ プロジェクトの体制

依頼した 2 つの学級は，宮崎県都城市立南小学校 6 年生の西久保真弥先生の学級と，静岡県焼津市立豊田小学校 4 年生の棚橋俊介先生の学級である。この 2 つの学級が選定された理由は，以下に示すようなさまざまな観点を総合的に判断した結果であった。

まず双方の校長先生に，このプロジェクトの意義をご理解いただくことができ，校内の特定の教室でこのような実証を行うことが校内の先生方の参考になるというご判断をいただけたことである。このような校長先生のリーダーシップが，今回の学校経営には必要という判断である。

次に，双方の教育委員会にご理解いただくことができ，特定の学校の特定の学級がこのような実証を行うことが他校への参考

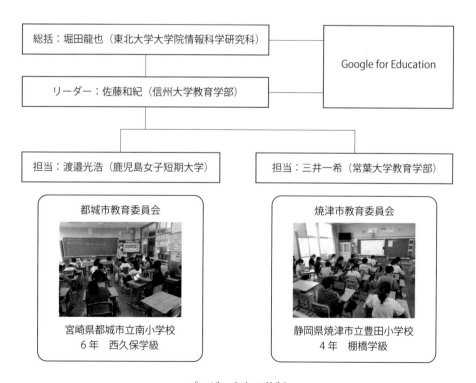

プロジェクトの体制

になり，同時に教育委員会としての対応の練習になるというご判断をいただけたことである。外部リソースを活用することに対して柔軟な教育委員会の対応に心から感謝したい。

それぞれの学校から比較的近い位置にいる研究者として，西久保学級には鹿児島女子短期大学の渡邉光浩先生に，棚橋学級には常葉大学教育学部の三井一希先生にお願いし，この2つの学級のできごとを研究的に観察し支援していくことにした。それぞれの研究者は，当該学級に週1回ほど通うこととなった。さらに，両学級を俯瞰し，情報端末の利用権限や利用ログ解析等を行う役目を，信州大学教育学部の佐藤和紀先生が務めた。

この3人の研究者と私（堀田龍也）は，4人とも元小学校の教員であり，今でも授業でのICT活用や情報教育の実践研究を進めている。このことは，各実践者，各学校，各教育委員会との関係づくりにもよい方向に機能した。

４ 導入された情報端末

プロジェクトの目的を勘案すれば，2つの学級で利用してもらう情報端末は，GIGAスクール構想でもっとも多く導入される情報端末であることが望ましい。

ありがたいことにこのプロジェクトではGoogle for Educationの全面協力を得ることができ，それぞれの学級に児童数＋関わる先生数のChromebook™をお借りすることができた。

その際，ネットワーク環境についても強く意識した。これからの学習環境では，ク

ラウドのサービスやコンテンツの利用は不可欠であるため，高速ネットワークは不可避である。しかしこのプロジェクトが始まる時期は，全国の各自治体でGIGAスクール構想に向けてネットワークの敷設工事を行うであろう時期であり，これを邪魔してしまうことは本意ではない。そこで，ChromebookはすべてLTE回線でインターネット接続することを選んだ。都城市も焼津市も中規模都市であることから，安定したネットワーク環境となり，結果としてこの選択は正解だった。

５ 利用ツールと利用環境の設定

個々のChromebookの端末の権限は，管理者権限を持つ人がオンラインで一括管理することができる。また，利用ログを回収することもできる。一般にはこの権限設定は，学校の設置者である教育委員会が意思決定することになる。

本プロジェクトでは，メインとして利用するツールはGoogle Workspace for Education™（旧称：G Suite for Education™）とした。仮に情報端末がChromebookでなかったとしてもそうしただろう。すべてクラウドで管理でき，子どもたちに必要な機能はほぼすべて揃っている。何より世界の学校教育でもっとも多く利用されている。グローバル社会における学習環境なのだから当然の選択である。

Chromebookを利用する際の教員アカウントにはまったく制限はかけなかった。一方，児童アカウントには，外部へのメールやチャットは禁止した。教室を超える学習は想定できるが，その場合は指導上の観点から先生が関わることが一般的だと考えたからである。逆に同一ドメイン内の（つま

り同じ学校内の）子ども同士のメールやチャット，スケジュール管理等はすべて許可した。ちょっとしたイタズラやトラブルは生じるに決まっているが，それは情報モラルの絶好の教育機会であると捉えて学級経営で乗り越えるべきというポリシーである。

子どもたちの利用ログ，成果物等は，すべてクラウド経由で研究者からも参照可能とした。

6 そして実践がスタートした

夏休みの終わりに情報端末が各校に届いた。セットアップは（遠隔で）終了しているので，利用のさせ方について担任ほか関係者が一定の合意をし，すぐに実践が始まった。

ここから先の記録は，それぞれの学級担任が書いているし，その意味づけは各研究者の立場から書いている。詳細はそちらに譲ることとする。

プロジェクトを主導した私たちは，子どもたちは情報端末にもツールにもすぐ慣れるだろうと思っていたし，実際にそうなった。そのことが先生を不安にさせると予想していたが，そんな時期はすぐに過ぎ去った。

検索が多用されると予想していたし，実際に Wikipedia 等に子どもたちはすぐに行き当たるものの，そこに書いてある文章を読み取ることは6年生でもなかなか困難なことであった。デジタル読解力の必要性と，良質の子ども用学習コンテンツの整備が急がれるべきことを痛感した。

実践が進み，子どもたちが情報活用能力を備えていくにつれて，次第に先生側の授業づくりが変化していった。学級経営の重要性も再確認された。そんな様子をお楽しみいただければと思う。

以下，本書は本プロジェクト4カ月間のできごとについて，実践者＝静岡県焼津市立豊田小学校4年生学級の担任・棚橋俊介先生の詳細な記録に基づいた日記を中心として構成しています。1カ月ごとにもう一人の実践者＝宮崎県都城市立南小学校6年生担任・西久保真弥先生の学級の様子も紹介しながら，研究者による解説，学校関係者の視点によるメッセージも掲載。みなさんの学校でGIGAスクールをはじめられる時の参考にしてください。

実践4ヵ月目──操作スキルをアップグレード

本書で紹介される活動実践は、Chromebook と Google Workspace for Education（以下，Google Workspace）を中心としたツール（Google Chrome™ ブラウザ，Google Classroom（以下，Classroom），Google Earth™，Google Jamboard™（以下，Jamboard），Google Meet™，Google カレンダー™（以下，カレンダー），Google スプレッドシート™（以下，スプレッドシート），Google スライド™（以下，スライド），Google ドキュメント™（以下，ドキュメント），Google フォーム（以下，フォーム），Google ドライブ™および YouTube™）を駆使して行われています。

※ 2021 年 02 月 18 日より，G Suite for Education は Google Workspace for Education に名称が変更されました。

Chromebook が
教室にやってきた

いよいよ Chromebook が教室に入ることになりました。これまで私は，子どもたちが教室内の ICT 機器（実物投影機や電子黒板）を使って説明し合ったり，タブレットを操作してプログラミングを考えたりするような授業づくりに取り組んできました。しかし，大人と同じようなパソコン操作を子どもたちに身につけさせるにはどうしても指導に時間がかかりすぎると思い，実践を行ってきませんでした。

そこで最初の準備は，キーボード入力から行うことにしました。キーボード入力は全てのアプリを扱う上で必須な能力だからです。また，子どもたちがパソコンを文房具のように扱うためには，これまでの指導と同様に学習規律が重要になると思いました。授業中での机上の置き方や一斉操作の仕方，保管場所などを決めていくことで，子どもたちが安心してパソコンを使っていける環境づくりに努めました。

上記のような学習の基盤ができはじめたら，いよいよパソコンを使って授業を行うことができます。しかし，いきなりパソコンを効果的に使うことはできません。私はこれまで Chromebook を触ってきたことがなかったため，何ができて何ができないのかさっぱりわかりませんでした。そこで実践１カ月目は，とにかくアプリをたくさん使ってみることを目標にしました。私自身のスキルも向上させ，２カ月目以降の活用のヒントを集めていこうと思いました。（棚橋俊介）

パスワードの設定

宿題で3つほどパスワードの候補を考えさせ、打ち込んだら担任が目視で確認し、記録をした（忘れた時のみ使用）。情報モラルを重要視し、他人にパスワードを絶対に知られないように指導した。

アカウントの意味を理解させておく

子どもたちは普段インターネットを使って動画を見たり，ゲームをしたりしている。しかし，どのような仕組みで動画を見ることができたり，オンラインで友だちとゲームをしたりしているのかわかっていない。

Google Workspaceを使う前に

Google Workspaceを使うためには、個人のアカウントを持つことが必要です。
アカウントにはIDとパスワードがあります。

住所：ID（メールアドレス）

かぎ：パスワード

Chromebook導入前の説明で使ったスライド

そこで，子どもたちに Chromebook が配られる前に，Chromebook ではクラウド上のアプリを動かすことやクラウドにデータを保存することなどを簡単に説明した。

Chromebook はインターネット上のデータへアクセスするための扉であり，その扉を開けるためには個人が設定した鍵（＝パスワード）が必要であることを理解させた。

このような説明をしておくことで，個人のパスワードを他人に漏らしたり，なくしたりしないように意識をもたせた。

複数の大人で支援する

これまでほとんどタイピング練習を行ってきていなかったため，多くの子どもたちがパスワードを打つことに苦労した。

ローマ字入力もローマ字表を見ながら打ち込む子がほとんどで，「＠」や「．」などの特殊な記号があると混乱が生じた。そのため，クラス中の至る所から「先生，助けてください」といった声がたくさん上がった。

この時幸いだったのは，校長や主幹，指導主事が参観に来ていたことだった。

複数の大人が子どもたちのサポートに回ってくれたおかげで，なんとか全員が設定することができた。担任 1 人で行っていたら，2 時間以上はかかっただろう。

この日は 4 人の大人が見て 45 分かかったので，初めての導入の際は複数の大人で支援していくことが望ましい。

失敗を生かして

私の失敗を生かして，隣の学級ではキーボード入力の練習も宿題に出した。家に Chromebook がなくても，キーボードの画像をプリントすれば，これを使って練習ができる。

自分が決めたパスワードの入力だけ練習させておけば，設定時間も短縮され，教師の負担も軽くなる。

各自でIDとパスワードの管理を

1 人 1 台環境で，ID とパスワードは最初に使い始める時から必要だが，普段のかな入力では使わないアルファベットや記号もあり，入力に手間取る。棚橋先生はパスワードを先に考えさせているが，操作に慣れてから考えさせるというのも一つの手である。いずれにしても，ログインすることは，情報の保護と同時に，端末を使った学習への参加に必要なので，各自で ID とパスワードをしっかりと管理させるようにしたい。（渡邉光浩）

様々な学習方法を試す①

学習規律

Chromebook を文房具のように扱うために、使い方のルールを決めた。
机上での置き場所や保管場所など基本的な規律を守ることで、子どもたちは、落ち着いて授業に取り組むことができるようになった。

基本的なルールを作る

最初に困ったことは授業中に Chromebook をどこに置くかであった。これまで通り教科書やノートを開くことができて，なおかつ必要に応じて Chromebook を使うことができる場所を，子どもたちと一緒に考えた。

話し合いの結果，机の左上にパソコンを置き，その右側に筆箱，左手前に教科書，右手前にノートを置くことにした。Chromebook とノートを対角線上に設置した理由は，消しカスが出てもキーボードにかからないようにするためだった。

他にも休み時間中は道具箱に保管したり，掃除の時間はロッカーにしまったりするようにした。

使わない時は道具箱に保管

休み時間に保管する道具箱の中は計画帳やクリアファイルのみ入れてよいこととし，教科書やノート類は休み時間中にランドセルへ取りにいき，授業の準備をするようにした。

これまで授業準備をせずに遊びに行ってしまう子どもたちがいたのに対し，Chromebook 導入後は授業の支度をしてから遊びに出かけるよ

うになった。Chromebook が入ることで意外な効果を得られた。

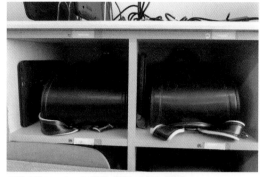

掃除中はロッカーに保管（落とさないため）

失敗を生かしてすぐに改善する

Chromebook 導入直後に学習規律の指導をしておくと，後の学習場面で子どもたちに指示する必要がなかったため，初期段階で取り組んだことはよかったと思う。

しかし，うまくいかないことは何度もあった。例えば，話を聞くルールとして「Chromebook 上の説明は自分たちのモニターを見ながら聞く」と決めていたが，モニターが小さいことや，どの部分の説明をしているのかわからないこと，自分のモニターに気が散ってしまう子どもたちが多いことから，「誰かの説明中は画面を閉じて，先生が電子黒板に提示したデータを見ること」とした。このルールで子どもたちは活動と話し合いの切り替えが以前よりも早くなった。

このように，初めて Chromebook を触るので失敗は何度も起こる。しかし，その都度子どもたちと相談し改善していけば，学習面においても効果的なルールが出来上がる。

ここが
ポイント

子どもたちの実態に応じてルールを決め，運用する

子どもたちが Chromebook に慣れるまでは，さまざまな規律やルールが必要である。この規律やルールは子どもたちを縛るためではなく，誰もが安心して学習に取り組める環境をつくるためである。棚橋先生のように子どもたちの実態を見ながら，適宜ルールを変更したり，ルールを追加・削除したりすることが大切である。そして，できていることは褒め，できていないことは繰り返し指導しながら定着させていきたい。（三井一希）

Google Classroom

課題を出したり、資料を配布したりする
ときには Google Classroom を活用した。
クラスを作成する際は教科ごとに分類
し、授業前に課題を作成しておくと効率
的な授業にもつながる。

トピックを作成して課題を分類

トピックはいつでも新規に作成できる

Classroom では課題を作成すると，時系列で課題が並んでいく。そのため，例えば同じ体育の課題であっても，室外種目か室内種目か課題を開けてみないとわからなくなる。そこで，作成時にトピックを作成し，分類することで子どもたちが課題を簡単に見つけられるようにした。

トピックとは「話題」のことであり，トピックを選択することで課題を分類することができる。

しかし，ここでも失敗があった。最初は学習に関する課題と，ふり返りを別のトピックに分類していた。このような使い方だと，子どもたちは2つのトピックから課題を探さなければならず，余計な時間がかかってしまった。

トピックは教科ごとに作成

課題はトピックを作成すると単元ごとに種類分けできる

そこでトピックは単元ごとに作成することにした。前述のように，課題は時系列で表示されるため，複数の課題を作成しても子どもたちは簡単に目的のものを見つけることができた。

コメント欄で見通しをもたせる

Classroom にはコメント欄がある。このコメント欄も授業で有効に活用できる。

課題作成時に表示される入力フォーム

例えば，学習の指示を先に入力しておき，資料とともに配布した。こうすることで，授業中に教師が指示する場面が減り，これまでよりも学習時間を確保できるようになった。その他にも，ルーブリックを入力しておくこともできる。子どもたちはいつでもコメント欄に戻り，学習のゴールを見返すことができた。

このように，コメント欄を上手に活用することで子どもたちに見通しをもたせ，学習に集中させることができた。

資料とともに授業の流れを記す

ここが ポイント

学びのプラットフォームとしてのClassroom

Classroom では資料や情報を共有したり，課題の配付・回収をしたりすることができる。いわば，学びのプラットフォームとしての役割を果たしている。この Classroom を効果的に活用するために，トピック名の付け方やコメントの書き方を工夫したい。多くの人が使いやすく設計されている一方で，自分のクラスで使うにはちょっとした工夫が必要になる場面がある。その点，棚橋先生の工夫は参考になる。（三井一希）

AIテキストマイニング

　単元の学習計画を立てる場面でGoogle
フォームとAIテキストマイニングを活用した。
フォームで回答してGoogle スプレッドシート
に出力することで、教師にしかわからな
かった回答が子どもたちにも共有できる
ことがわかった。

リアルタイムに意見を分析

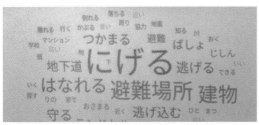
ボタンを押すだけですぐにキーワードが表出する

社会科で単元の学習計画を立てる場面で，Google フォームと AI テキストマイニング （https://textmining. userlocal.jp/）を活用した。

フォームで「地震が起きたら心配なこと」をアンケートで作成し，子どもたちに回答させた。

フォームに集計された子どもたちの回答をコピーして AI テキストマイニング（ユーザーローカル）に貼り付け，分析を行った。分析結果から，クラスで心配なことや調べたいことを抽出し，授業計画につなげた。

視覚的にわかる

AI テキストマイニングで分析すると，使用頻度の高い単語は大きく，頻度の低い単語は小さく表される。したがって，大きく表された文字を見ていくことで，クラス全体の思考を読み取ることができる。

これまでできなかった情報共有

フォームで集計した子どもたちの回答をスプレッドシートに出力した。

出力された一覧表を電子黒板に映したりデータを共有したりすることで，これまで教師にしかわからなかった友だちの考えを子どもたちが見られるようになった。

「回答」タブにあるボタンを押すと，スプレッドシートに出力される。

出力されたスプレッドシート

■ Google フォーム
（小4社会「地震が起きると…」）

授業のふり返りはフォームで行うことで，スプレッドシートに蓄積させることができる。出席番号を入力させておくと，並べ替えて名簿化することができる。

操作ミスからデータを守る

スプレッドシートに直接入力しても同様に一覧は作成できる。しかし，Chromebook の操作スキルが身についていない状態で行うと，操作ミスにより，データが消えてしまう恐れがある。

クラウドなので編集履歴から元に戻すこともできるが，活動が中断してしまう。この時フォームを使えば，自分の考えを最後まで書き込むことができ，スプレッドシートの設定によって子どもたちの書き込みができなくなっている。また，子どもたちが投稿すると，リアルタイムでスプレッドシート上にテキストが出現するのも面白い。

フォームを使うことで様々な利点が生まれる。

ここがポイント

クラウドの活用で全員の考えの共有が簡単に

クラウドを活用すれば，1枚のスプレッドシートに全員が一斉に書き込みをしたり，フォームで回答したものがすぐに自動集計され，その場で結果を見たりできる。棚橋先生のようにテキストマイニングの結果を提示するにせよ，共有した集計結果のシートを子どもが端末で見るにせよ，それぞれの考えをリアルタイムで可視化できる。全員分の考えを簡単に共有できるのは，1人1台の情報端末でクラウドを活用して学習するメリットである。（渡邉光浩）

Google Jamboard × 計算練習

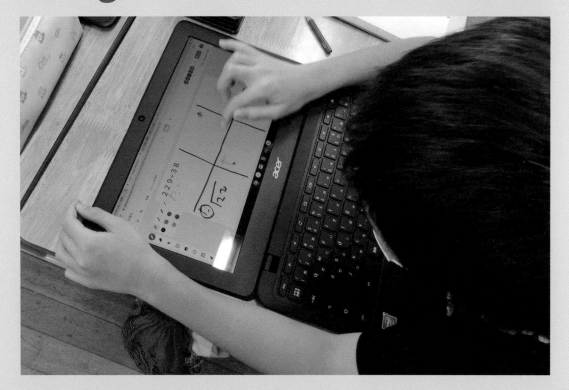

算数の計算練習の場面で、Jamboard を
活用した。Jamboard を活用すると、グ
ループでお互いの計算の仕方を確認する
ことができる。

共同編集によるトラブルをなくすための
ルールを子どもたちと相談して決めた。

計算の過程を可視化

Jamboard は自分や相手が書き込むと，リアルタイムにお互いの画面に表示されるため，この機能を計算練習の場面で活用した。グループで順番に問題を解いていき，計算間違いや計算の順序に間違いがあれば，その場で相手に指摘することができた。

線を引いて区画を作ったり，説明を書いたりしている

突然消えた！

Jamboard は誰もが書き込むことができるため，初めて触ると，全員が一斉に書き込もうとする。また，書き込めることが楽しいあまり，落書きをしたり，別のグループのシート（はじめは Jamboardのシート番号をグループ番号に置き換えて使った）にも書き込むようなことが多発した。

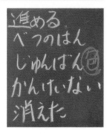

子どもたちから出てきた「困ったこと」

失敗こそ指導のチャンス

子どもたちが共同編集に手こずる理由として，

・アプリの操作スキルが未熟である（スキル面）
・他者意識が低く，自分の満足を優先している（モラル面）

の2点が考えられた。

そこで，以下の2つのことを行った。
・（スキル面）アプリで自由に遊ばせる
・（モラル面）困り感をなくすためのルールをつくる

アプリで遊ばせることは，スキル向上に加えて，アプリをたくさん触った満足感から落書きなどの衝動を抑える効果があった。

また，新しいルールとして「個人でタッチペンの色を変える」こととした。これにより，落書きや順番を守らない個人を特定できるようになった。このルールができると，ほとんどの子どもが困り感なく Jamboard を活用できるようになった。

参加意識をもたせてさらに効果アップ

グループで計算練習を行う際，①問題を解く人②ポインターでヒントを与える人③ヒントを口頭で伝える人など，一人ずつに役割を与えた。そうすることで，一人一人の参加意識は高まり，より効率的に問題に取り組むことができた。

奥の子どもが計算している様子を，周りの子どもたちが見守る様子

ここがポイント ツールの活用はアイデア次第

Jamboard はクラウド上でホワイトボードとして使えるアプリである。棚橋先生は，ここではまず計算用紙として使い，それを協働学習に用い，さらには，操作スキルや情報モラルの指導まで行っている。グループの番号をファイル名にしたり，タッチペンの色を一人一人変えさせたりと使い方の工夫も様々。Jamboard に限らずアプリはツールなので，「どんな活用ができるか」は教師と子どもたちのアイデア次第である。（渡邉光浩）

学習のパターン化

学習の流れを、アイコンで表示した。
学習アイコンを使うことで、子どもたち
は見通しをもって学習できることがわ
かった。
代わり映えのない授業に教師は悩みはじ
めたが……

学習アイコンの使用

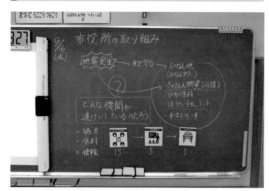
学習アイコンで見通しをもたせる

3週間もすると，Chromebookを使う場面や操作方法がある程度固定化してくる。そこで，学習アイコンを作り，黒板に提示することで教師の指示を明確化した。

あらかじめ，アイコンがどの操作を意味しているのか子どもたちと共通理解しておくと，授業内での説明時間を削減できた。

また，授業の導入部で時間配分などの計画を立てることで，見通しをもって学習に取り組むことができた。

パターンが決まってきた

毎時間アイコンを並べていると，使用するアプリや学習の流れが似ていることに，子どもたちが気づいた。

これにより，「調べ学習であればスライドにまとめる」「算数の考えづくりはJamboard」などのようなパターンが定着してきた。

教師と子どもたちに意識のギャップが

社会では，「学習問題の提示→教科書から情報を抜き取る→スライドで表に整理する→全体発表」といった流れが主流となった。しかし，毎回スライドで表に整理する部分で，ほとんどの時間を使い果たしてしまっていた。また，発表も特定の子どもに偏るようになっていた。

このような授業で子どもは理解できているのか不安に思った。

一方，子どもたちにそのことを聞いてみると，「以前よりも教科書を読み込むようになった」「教科書だけではわからないことをインターネットで調べられるから以前よりよくわかる」との声が聞かれた。

子どもたちはChromebookを使うことでこれまでよりも学習の深まりを感じていたのである。

グループでスライドの表にまとめている様子

ここがポイント 見通しをもたせる工夫

学習の流れを視覚化して黒板に提示しておくことで，子どもたちはいつでも確認することができる。今，行っている活動が次の学習活動とどのようにつながるのかがわかることで，子どもたちは一つ一つの活動の意義を感じやすくなる。また，ユニバーサルデザインの視点からも学習アイコンは有効である。Chromebookの導入以前から行われてきたこれらの見通しをもたせる工夫は，今後も変わらず必要になってくる。（三井一希）

Google スプレッドシート ×情報の整理

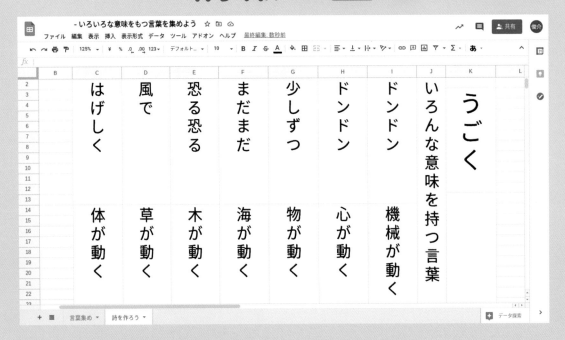

国語の意味調べや詩を作る場面でスプレッドシートを活用した。

単なる言葉集めで終わるのではなく、教科の本質に迫る発問を加えることで、話し合いが活性化することがわかった。

スプレッドシートで情報整理

国語の意味調べをする場面でスプレッドシートを活用した。国語辞典で複数の意味をもつ言葉を探し，その意味と使い方を表にまとめた。表は1単語につき，5種類の意味を書き込めるようにした。表にまとめた単語のうち，好きな1つを選択してオリジナルの詩を作った。

集めた言葉を表に整理する

■ Google スプレッドシート
（小4国語「いろいろな意味をもつ言葉を集めよう」）

スプレッドシート上に作成した表に記入する内容を示すことで，どのような情報を国語辞典から抜き出せばよいか明確にする。

縦書きで詩を作る

詩を作る場面でもスプレッドシートを活用した。スプレッドシートでは縦書きの記入ができる。また，文字のまとまりや行ごとにセルを分けることができるため，詩の構成を意識しながら作ることができる。

児童用の作成シートに加えて教師が作成した見本のシートを準備することで，個別の支援としても効果的である。

教科書の詩を教師が入力し，見本にする
（出典）「とる」
光村図書『国語4年上』（令和2年版）p124

Chromebook はあくまでも「手段」

はじめは，「意味を3つ以上調べよう」「好きな言葉を選んで詩を作ろう」といった指示を出していた。しかし，このような指示の出し方では，子どもたちは詩本来の魅力である「音数」や「仮名表記」などの言葉の特長に着目せずに詩を作っていた。

そこで，「この詩の面白いところはどこだろう」「詩の中に隠れているきまりは何だろう」と発問した。すると，「同じ言葉を使っているのに，文の中での意味が違う」「字数が同じ」など，様々な特長が出てきた。これらを押さえた上でもう一度活動を再開すると，迷いなく学習を進めることができた。

このような学習過程は，ノートやワークシートなどでも同様に行うことができる。しかし，Chromebook を使うことで情報を整理したり，友だちに共有したりすることが以前よりも容易になる。やはり，「機器を使うことが目的」で

はなく，「手段」となるように授業を設計する力が大切だと感じた。

教師の発問の仕方で，話し合いが活性化する

ここがポイント

学びを深める教師の発問

Chromebook の活用に慣れてくると，子どもはどんどん活動を行うようになる。一見，活動に没頭しているようにも見えるが，果たして子どもの思考は働いているのだろうか。単に作業を行っているだけではなかろうか。そのように感じた時は，棚橋先生のように発問を工夫するとよい。良質な発問は良質な思考をつくりだす。子どもが端末活用に慣れてきた段階だからこそ，このように学びを深める発問にも意識を向けるとよい。（三井一希）

Google Jamboard × 思考ツール①

教室環境のDX
(デジタルトランスフォーメーション)

おしらせ　けいじばん

名前	内容
先生	今日のシェイクアウト訓練は１０時に放送が入ります。放送が入ったらすぐに机の下に隠れて身を守りましょう。

連絡事項や次の日の時間割のお知らせを、Classroom を使って配信するようにした。

教室にプリンター複合機を設置したことで、Chromebook の利用範囲が広がった。

時間割や連絡はデジタル配信

時間割や連絡を伝えるために、Classroom と Google スライドを活用した。

まず Classroom に「予定・連絡など」のクラスを作成した。時間割が書かれたスライドを配信し、子どもたちは好きなタイミングでそれを見て、計画帳に書き込むようにした。また、朝の会や帰りの会の教師や係からの連絡事項もスライドに書き込むようにし、朝の支度が終わった後に子どもたちが閲覧するようにした。

作成したクラスと、配信したスライド

子どもたちが変わった

デジタル配信をすることによって、子どもたちはいつでも時間割を見られるようになった。そのため、朝の支度後や休み時間など自分の好きな時間に時間割を書き写すようになった。給食の配膳の待ち時間に書き写す子どもも現れた。

このように、子どもたちは創意工夫をしながら生活できるようになった。

配膳の待ち時間に時間割を書き写している

予定黒板のデジタル化

1 日の予定をスライドと TV モニターを活用して表示するようにした。

急なお知らせや予定変更があったときは、スライドにテキストを追加したり、Chromebook を使う授業の場合は目印を付けたりした。

吹き出しや目印を加えた予定

■ Google スライド
（時間割と学習内容一覧：デジタル サイネージ用）

教室の TV モニタをデジタル サイネージとして活用する。1 人 1 台端末を活用する授業の予定をモニタに映して、子どもたちに共有する。

プリンター複合機がやってきた

教室にプリンター複合機を設置し、印刷は子ども自身で行うようにした。そうすることで、子どもたちは授業で作成したスライドや係活動の掲示などを積極的に印刷するようになった。また、プリンターで印刷することを意識して資料を作成するようにも変化していった。

プリンター複合機と印刷用 Chromebook

ここがポイント

DX（デジタル トランス フォーメーション）のはじまり

DX は「従来の活動の簡単な置き換え」からはじまる。黒板に書かれていた時間割や連絡という日常が、クラウドやサイネージへ少しずつ置き換わり、それが日々繰り返されることで「効率的」を実感し、やがて「それが当たり前」になっていく。何事も最初は慣れずに少し時間はかかるものだが、慣れてくるとそれが普通となり、やがて行動が生活に溶け込んでいく。ここまでくると、以前の取り組みは、おそらく教師も子どもも思い出せないくらいになっているはずである。（佐藤和紀）

Jamboardと思考ツールの併用

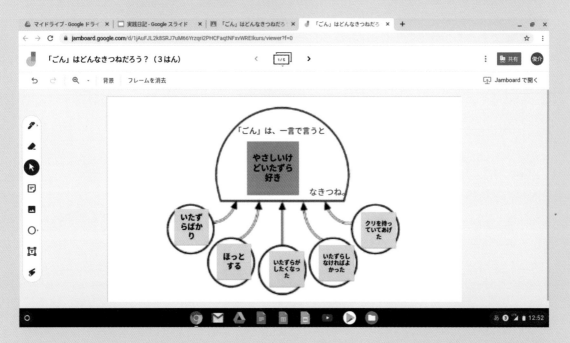

　子どもたちが調べた情報や考えを整理するために、Jamboardと思考ツールを活用した。

　思考ツールを使うと、子どもたちの話し合いへの意欲が高まることがわかった。

国語の文章読解に活用

国語の物語文で、登場人物の人柄を読み取る際に、Jamboard と思考ツールを活用した。

Jamboard に思考ツール（クラゲチャート）の画像を貼り付け、付箋機能を使ってテキストを記入した。付箋は書き込む部分によって色を変え、視覚的にわかりやすくした。

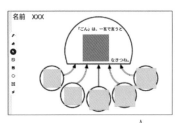

■ Google Jamboard
（小4国語「「ごん」はどんなきつねだろう？」）

登場人物の立場や性格がわかる言葉をクラゲチャートに集める。頭の部分には、自分が考える人物像をまとめる。

思考ツールへの書き込みは個人で行った。グループ交流でお互いの意見を交換した後、教師が作成したスライドの表にグループの意見をまとめた。

「ごん」は一言で言うと、、、

1	
2	
3	
4	
5	
6	
7	

なきつね

交流後、表に各グループの意見をまとめた

Google ドライブでお互いのデータを見る

子どもたち個人のデータを見合うために、Google ドライブを活用した。

Classroom では、課題を［各生徒にコピーして作成］すると、教師の Google ドライブ上の「Classroom」フォルダ内に、配布した課題のフォルダが作成される。このフォルダには子どもたちに配布したデータが一覧になって保存されており、教師は各自のデータを見ることができる。しかし、この状態では教師しか見ることができず、子ども同士がお互いのデータを見ることができない。

このフォルダのリンクを Classroom で共有することに

Google ドライブ内に作成された Classroom フォルダ

よって，全ての子どもたちがお互いのデータを見合えるようになった。

Classroom フォルダ内に作成された、課題フォルダ

ここがポイント 思考ツールとクラウドの組み合わせ

Chromebook の活用に慣れてくると，これまで使ってきたツール（教材・教具）を組み合わせて学習活動ができるようになる。思考ツールもその一つで，これまでは1人でワークシート上に書き込んだり，ホワイトボードにグループで協働しながら書き込み，思考の整理と可視化を行っていた。これがクラウドで活動できるようになれば，1人で取り組んでいたとしても，他の子どもたちの整理方法も見られるようになる。思考の整理が難しい子どもたちにとっては，このことが足場かけとなる。（佐藤和紀）

ついにやってきた！

Chromebook が届くまでの私は ICT 機器を使った授業はほとんどしておらず，期待ももちろんありましたが，不安のほうが大きかったことを覚えています。ですが，クラスの子どもたちは活用経験こそあまりないものの，1人1台使えるのをとても楽しみにしていました。期待と不安の中，これからどのように使っていくのか試行錯誤の毎日が始まりました。（西久保真弥）

＊先ずはアドレスとパスワード

Chromebook が学校に届きました。担任としてはじめに取りかかったのは，アドレスとパスワードの設定です。パスワードを各自に考えさせるという方法もあります。しかし，子どもの実態から，まずは Chromebook の操作に慣れさせることを優先させようと考え，パスワードは教師が全員分設定しました。子どもたちには Chromebook と一緒にアドレスとパスワードのメモを渡しました。

ついに Chromebook が全員に行き渡りました。私を含めて子どもたちはこの日を待ち望んでいました。もらった時はとても嬉しそうで，早く使いたくてたまらない様子。「中身はどうなっているのかな〜？」と興味津々。期待に胸が膨らみます。

早速 Chromebook を開き，ログインをさせようとしましたが，@ など普段使わない記号の入力に時間がかかり，参観に来てくださっていた先生方の力も借りながら，何とか全員がログインできました。

＊何とか全員ログイン

▶▶ 先生も子どもも
ICT に慣れていなかった

今回の実践は，以前からの知り合いで，コンピュータにとても詳しい原圭史先生がいらっしゃる都城市立南小学校にお願いすることにした。しかし，これから GIGA スクール構想で，全ての小中学校の教室で1人1台情報端末の活用が始まることを考えると，今回は，これまであまり ICT を活用せずに指導してきた先生にお願いしたいと考え，原先生と同じ学年で組んでいる西久保真弥先生のクラスで実践していただくことになった。

クラスの子どもたちは6年生だが，これまでコンピュータなどの活用は少なかったようで，操作にあまり慣れていないとのことだった。Chromebook を使い始める授業で，1人ずつ受け取った時はとても嬉しそうだったが，ID やパスワードの入力に悪戦苦闘して困ってしまう子も。原先生や，授業を参観しに来ていた市の教育委員会の指導主事や市の教育研究会の先生までヘルプに当たっていた。

次に訪問したときは，総合的な学習の時間で，県の名所を検索して，見つけた写真を Google スライドに貼り付けるという授業。それほど難しい操作ではないと思うが，「コピーはどうすればいいんですか？」「貼り付けができません」とあちこちから助けを求める手が挙がり，先生はもちろん，私までまるで ICT 支援員のよう。あっという間に45分が過ぎ，先生がまとめをする余裕もなかった。

西久保先生は，隣のクラスに詳しい原先生がいたり，私が参観しに来ていたりしたので，何とかなった。先生や子どもが操作に慣れない最初のうちはサポートが必要であろうし，少なくとも初めて使うときは，同じ学年の先生など何人かで指導に当たった方がよいのではないかと思う。

＊最初は〈決まり〉の周知

　最初に取り組んだことは「Chromebookを使う上での決まり」をクラス全員に周知させたことです。
・使わない時は左上に置く
・人が話している時は閉じる
・学習に関係のないことを勝手にしない
　どれだけ便利でもルールを守れないと意味がないことを伝えました。最初のルールは教師が提示しましたが，今後は自分たちでどのように活用すれば効果的に使えるのか考えながら使うということを話しました。

＊何をさせればいいのか

　ルールを決めた直後はとにかくChromebookを操作させることを意識しました。ですが，どのタイミングで何をさせればいいのかわからず，戸惑うことも多かったように感じます。

＊教え合う姿が

　戸惑うことも多かったのですが，2週間ほど経つと，一度教えた操作スキルを児童間で教え合う姿が見られはじめました。子どもたちの吸収する力は素晴らしく，徐々に自分たちだけで活用していく様子が見られるようになりました。

▶▶ 教え合いで操作スキルが向上

　子どもたちはほぼ初心者だったが，中には家で使いこなしている子もいて，教えなくても，最初の授業からタッチパッドを使ったスクロール（Chromebookの場合，2本指）ができる子もいた。西久保先生は「こんなときにどうすればいいんだっけ？」と投げかけて，できる子の発言を上手に引き出していた。

　クラスにはいろいろな個性をもった子たちがいる。計算が速い子，虫に詳しい子，運動が得意な子，絵がうまい子，ピアノが上手な子，…それぞれの子に活躍の場がある。1人1台情報端末環境が整備されたクラスでは，ICTの操作が得意な子に活躍の場があるのである。

　また，好奇心旺盛な子たちもいる。子どもたちは，いろいろな機能を試し，「それどうやって操作した

の？」と大人が驚くようなことができるようになることがある。1人1台で使えるとなればなおさらである。西久保先生のクラスでは，Google Chromeブラウザの検索画面の背景を自由に変えている。設定の仕方を先生や私が教えたわけではなく，やり方を見つけた子が周りに教え，広まったのである。背景を変えることで学習に支障が出るわけではないし，それぐらいカスタマイズした方が，子どもたちも自分の端末に愛着を持ち，大事にするのではないだろうか。

　背景の設定だけでなく，学習活動で使う操作スキルも，教え合いで向上していった。西久保先生は，クラスという集団の中で，お互いに協力し合うことを大切にしている。困ったときに尋ねたり，わからない子には教えたりという教え合いの雰囲気が子どもたちにできているのは，学級経営の賜物だと感じる。（渡邊光浩）

GIGAスクールとキーボード入力

渡邉光浩 ●鹿児島女子短期大学児童教育学科・専任講師

GIGA スクール構想の1人1台情報端末を使った学習活動では，推敲しながらの作文の作成や一斉に自分の考えを書き込みリアルタイムで意見を共有することなどが想定されていて，キーボード入力のスキルが必須である。

　Chromebook の日常的な活用による両学級のキーボード入力の速さの変化や，スキルを身につけるためにどのようなことが行われていたのかを見ていきたい。

1 両学級のキーボード入力の速さの変化

　キーボード入力は，ローマ字をアルファベットのキーで入力し，それを漢字仮名交じり文に変換して確定するというスキルである。今回，2種類の調査を行っている。

① タイピング調査

　仮名の文を，変換なしでアルファベットのキーを入力（以下「タイピング」）する速さを測定した。1分間当たりのキーの入力文字数の変化が図1である。タイピングは，活用から4週間後，8週間後，12週間後とだんだん速くなっている。

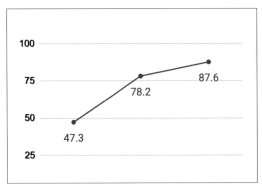

図1　タイピングの速さの変化

② 日本語入力調査

　タイピングの後，漢字仮名交じり文に変換し，確定すること（以下「日本語入力」）について，問題文を，見たままに入力する「視写入力」と，問題文を読んで考えたことや感じたことを入力する「思考入力」の速さを測定した。1分間当たりの漢字仮名交じり文の入力文字数の変化が図2である。

　日本語入力もタイピングと同様に速くなっていて，視写入力，思考入力ともに活用2カ月後より3カ月後の方が速い。また，2カ月後，3カ月後のそれぞれ，視写入力の方が思考入力の方が速いが，3カ月後の方が差は縮まっている。

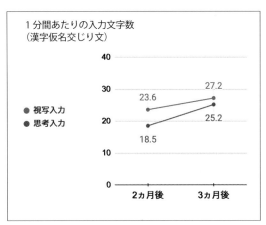

図2　日本語入力の速さの変化

　活用開始から3カ月後の段階で，思考入力は視写入力に追いついていないが，それ

でも2015年度実施の情報活用能力調査における高校生の1分間当たりの入力文字数の全国平均24.7を上回っている。

現在，活用開始から4カ月後である12月の結果を分析中である。タイピング・日本語入力ともさらに速くなっている上，思考入力が視写入力に追いついたようである。

2 入力スキル向上のために行われていたこと

キーボード入力の指導方略（渡邉ほか2021）をもとに，指導のポイントや両学級で行われていたことを紹介したい。

① 授業中に入力練習を

ゲーム感覚でキーボード入力練習ができるWebサイト「キーボー島アドベンチャー」（http://kb-kentei. net）を利用した。

活用開始直後は，授業中に練習時間を設けた。入力の機会が増えるので，授業中に時間を取って練習した方が，後の学習を効率的に進めることができるようになる。その後は，隙間時間や休み時間，持ち帰ったときも取り組んでいた。

単元テストが終わってから入力練習

② ホームポジションと各キーの位置を覚えることから

画面上で変換・確定をする日本語入力は，

画面から目を離さないためにタッチタイプができた方がよいだろう。まずホームポジションと各キーの位置を覚え，入力後は指を元の位置に戻すことを指導する。速度や正確さは後からでよいと言われている。両学級とも指の動きがわかるように動画を見せ，棚橋学級では，キー位置が印刷されたプリントでも練習していた。

プリントをつかったアナログな入力練習

③ ローマ字での入力について指導する

ローマ字の定着も重要である。3年生で国語のローマ字指導とキーボード入力を関連させて指導するとよいだろう。両学級ではローマ字の復習を行いつつ，キーボード入力時にわからないときは，ローマ字表を見てもよいことにしていた。

④ 意図的な活用，主体的な活用を

活用は授業だけに留まらない。係活動の掲示物の作成などで主体的に活用されるようになり，西久保学級では持ち帰りで家庭でも活用されていた。1人1台なら多様な活用の機会や主体的な活用の場面を設けることが可能である。

参考文献
渡邉光浩，佐藤和紀，柴田隆史，堀田龍也 (2021) キーボードによる日本語入力スキルの指導方略. 鹿児島女子短期大学紀要

とにかく、やってみる。
そこから、スタート。

浅賀貞春 ●静岡県焼津市立豊田小学校　校長

❶ とにかく，やってみる

　私が，手書きで文書作成していた初任の頃には予想もしていなかった１人１台の端末導入。ベテラン教員はもちろんだが，若手教員も少なからず不安を抱いているのが現状である。「クロームブック（Chromebook）って何？」「何ができるの？」「今までのものと何が違うの？」こんな声が，職員から聞こえてくる。

　教員は，私も含め，新しいことや変化を苦手とし，見通しがもてないと動き出せない傾向がある。コロナ禍のなか，加速したGIGAスクール構想の実現に向けての取組みは，現場の教員にとっては見えないことばかりだが，まずは，「とにかく，やってみる」そのなかで，子どもと共に学んでいく。そうすれば，「こんなことができるんだ」「じゃあ，こう使ってみよう」と，わかってくることが，必ずあるはずである。

　そして，それらを校内研修等で，共有し標準化を図り，全職員が同じようにChromebookを活用できるようにしていくことが肝要だといえる。本校においても，令和３年度より，新たにICT有効活用を推進するための組織を立ち上げ，全校体制で取り組んでいきたいと考えているところである。

❷ 子どもの姿から思うこと

　本学級に１人１台端末を導入してから，子どもたちの学びに向かう姿は，明らかに変わった。意欲や集中力が高まり，自分たちで，よりよい方法を見つけ出したり，学級の仲間の声に耳を傾けたりするようになった。そして，学習規律が徹底され，学習集団としての質も高まったと感じる。

　ゲームやスマートフォン等で端末の扱いに慣れている子どもたちにとって，興味を引くということはあるだろうが，そればかりではない。端末があることで，確実に「学びが，わかりやすく，楽しいもの」になっている。

❸ 目指すのは，主体的・対話的で深い学び

　端末は，あくまでも学ぶための学習道具である。本学級の授業を何度も参観して思うことは，端末が導入されても，変わらず大切なことは，「どう授業をつくるか」ということである。目標を明確にし，よい問いを考え，よい場を設定することができなければ，端末を有効に活用することにはつながらない。

　主体的・対話的で深い学びを実現するには，やはり，教師としての力量を高めること，それがあってこそ，ICTの有効活用ができるのだと強く感じている。

機能を見極める

　実践1カ月目では，多くの失敗がありました。大勢でデータ共有すると，操作ミスの多発により授業が何度も中断しました。ふり返りを書かせるのも，最初は20分以上かかりました。しかし，2週間ほど使い続けていくと，だんだん操作ミスもなくなり，4〜5人班での共有はスムーズにできるようになりました。ふり返りも10分以内で終わるようになりました。子どもたちは大人の想像以上の速さで対応していくのだなと驚きました。

　そして私にもだんだんChromebookを上手に使っているような自信が芽生えてきました。しかし，それが落とし穴でした。私が上手に使えているのではなく，単に子どもたちが使い慣れてきただけだったからです。そのため，子ども

たちは調べたことをChromebookにまとめても，それを整理したりお互いの考えを交流したりすることはしませんでした。

　そこで2カ月目は，子どもたちが意欲的に交流しようとするための手立てを考えていくことにしました。そしてまず「思考ツール」を使いはじめました。「思考ツール」を使うと何を伝えたいのかひと目でわかるため，発表しようとする子どもたちが増えました。2カ月目以降から，「思考ツール」を使った実践が増えていきました。また，1カ月目に使ってきたアプリの機能を見極め，どの場面で使うと効果的なのかを考えながら，教材研究も行っていきました。

（棚橋俊介）

新しい意味調べ

「ごんぎつね」オリジナル図鑑

| 木魚 | 川下 |
| 火縄銃 | 土間 |

国語の意味調べの場面で、スライドを活用した。言葉の意味だけではなく写真も集めることで、これまでにない意味調べができるようになった。

意味調べはスライドで!

国語の意味調べの場面で,スライドを活用した。物語文の中では,わからない単語が多く出てくるため,スライドをグループで共有し,場面ごとに分担して意味を調べた。

「ごんぎつね」オリジナル辞書　　　①場面

分からない言葉	意味
菜種	菜種油といういみ<あぶら>
川べり	かわべ
すすき	秋に白い穂を出す草。おばな。というあきのななくさの一つ
はぎのかぶ	白蝶の形のはなをつける秋の七草の一つ
もず	秋によくいるすずめよりすこしちいさいとり
お百姓	農業の人
小川のつつみ	水が溢れないようにするためにいしやつちをおく

場面ごとに分けた意味調べ表

画像検索で情景をイメージ化

意味調べの中で,見たことがないもの・頭の中にイメージできないものについてインターネットの画像検索を行った。調べた画像はコピーしてスライドの表の中に貼り付けた。
※この場面で,右クリックの仕方(2本指タップ)やコピー&ペーストの仕方を指導した。

世界に1冊だけのオリジナル図鑑

作成したスライドはプリンターで印刷して,1冊のオリジナル図鑑にした。この図鑑はグループ内で共有し,考えづくりや話し合い場面で使用した。

Chromebook が導入される前は個人でノートにまとめていたのに対し,Chromebook 導入後はグループで分担して,たくさんの単語を調べ

られるようになった。また,画像も記録に残すことができるため,従来の意味調べよりも効率的に,より多くの情報を集められるようになった。

「ごんぎつね」オリジナル図鑑

はぎの葉	墓地
モズ	菜種

■ Google スライド
(小4国語「ごんぎつね」オリジナル辞書・図鑑)

国語の意味調べの場面で,見たことがなかったりイメージできなかったりする単語を画像検索してスライドに貼り付ける。印刷してオリジナル図鑑にする。

グループでスライドを印刷した

ここがポイント

百聞は一見にしかず

授業中にわからない言葉が出てきた場合,Chromebook があることで,すぐに検索をすることができる。効率もとてもよい。また,「画像検索」をすることでその言葉が表しているものをイメージとして理解することが可能となる。子どもによっては,視覚的に捉えられることで,学習内容の理解が進むこともある。このように,これまで見えなかったものを可視化し,理解を促す場面を意図的につくっていけるとよい。(三井一希)

使い方のバリエーションを増やす

フォームやスプレッドシートには「アンケート作成」や「情報整理」以外にも情報の可視化など、別の使い方があることがわかった。
アプリの使い方を増やすことによって、学習の幅が広がった。

フォームのグラフ化機能

算数の「がい数」で，一万の位までのがい数にするにはどの位を四捨五入するか考える場面で，フォームのグラフ化機能を活用した。

子どもたちから2つの予想が出てきたため，「AとBどちらが正しいか」と問題を出し，フォームで回答させると，自動で円グラフが作成される。

この円グラフを電子黒板に表示させたところ，ABの回答のうち少数派の子どもが「ちがうよ。だってね……」と説明を始めた。このようにして円グラフをきっかけに話し合いが活性化していった。

交流を終えてからもう一度同じ質問をフォームで回答させたところ，円グラフが逆転した。授業のはじめと終わりでグラフを活用すると，子どもたちの思考の変化を読み取ることができる。また，フォームで回答させるときに名前も記入させておけば，意見が変わった子どもに理由を尋ねることもできる。

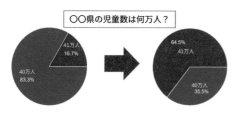

授業のはじめと終わりで変化した円グラフ

スプレッドシートで相互評価

総合的な学習の時間の中間発表の場面でスプレッドシートを活用した。

スプレッドシートを使って友だちの発表を評価する

これまでスプレッドシートは個人で情報を整理するために使ってきたが，使い方にも慣れてきたため，グループによる共同編集を行った。

スプレッドシートには「評価者の名前」と「内容がわかる」「話す速さ」「発表時間」などの評価項目を記入し，表を作成した。評価欄にはドロップダウン機能を使って「◎・○・△」を入力できるようにした。また，感想欄も作成して，発表者は友だちの感想をもとに調べ学習をしていけるようにした。このようなシートを同じデータ内に人数分作成した。

スプレッドシートは共同編集が可能であるため，聞き手は発表を聞きながら評価を記入していった。

作成した評価シート

ネット上の機能を使う

　算数や総合的な学習の時間に、インターネット上の計算機やタイマー機能を活用した。
　インターネットにある機能を使うことで道具を準備する時間が削減できた。

計算機でがい算の確認

　算数の計算問題の場面で，Google 検索でできる電卓機能などを活用した。

　子どもたちは出題された式をがい算で計算した後，計算機を使って元の式の計算をした。このようにして，計算が正しくできているかどうか自分たちで確認しながら学習に取り組むことができた。

　計算機は「がい数」の単元だけでなく，割り算や大きな数の計算など様々な場面で活用できた。子どもたちは基本的に計算の正誤判断を行った。

計算機を使って
元の式の答えを
確認する

これまで通り机間指導も大切

　ところが、そのうち計算機の答えを写す子どもが現れた。

　これに対する対処法として，計算過程は必ずノートに書くことにした。しかし，答えを写してから計算をする子どもも現れることも予想されることから，教師はこれまで通り，机間指導に注意していく必要があると感じた。

スライドを使ってプレゼン作成

　総合的な学習の時間で調べた内容をまとめたり発表したりする場面で，スライドを活用した。

　子どもたちは自分でレイアウトを考え，写真を貼ったりテキストを打ち込んだりした。スライドにまとめると，まとめ終わった友だちのもとへ Chromebook を持って行き，発表練習をしたり，お互いに直し合ったりした。

プレゼンで使えるタイマー機能

友だちと発表練習をしている様子

　プレゼン練習では「プレゼンターの表示」機能を活用した。この機能を使用すると，タイマーが表示されたり，スピーカーノート（台本のようなもの）が表示される。

　子どもたちはこれらの機能を使って制限時間内に調べた内容を的確に伝えられるように練習した。

プレゼンテーションの開始のメニューを開くと「プレゼンター表示」が選択できる

ここが ポイント Web上にある様々なツール

Google Chrome ブラウザは，検索窓でいろいろなことができる。「＝」の後に式を入力すれば，自動的に答えが表示される（かけ算は「*」，わり算は「/」）。言葉によっては入力しただけで意味が表示される場合もある。電卓や単位換算，翻訳の機能もある。
また，ここではプレゼンということでプレゼンター機能を使っているが，ストップウォッチやタイマーなどのツールは Web で見つけることができる。（渡邉光浩）

学期末のふり返り

質問　回答 **32**

前期のふり返り

挑戦のステージまでは必修です。時間に余裕がある人は続きも答えてください。間に合わなければ、途中でも提出してください。

出会いのステージをふり返りましょう。　　　　　　　　　　　　　　　　　　　　　＊

	よくできた	できた	あまりできなかった	できなかった
ろうか・だまって…	○	○	○	○
授業の中で必ず発…	○	○	○	○
学校では友達を必…	○	○	○	○
新しいクラスの友…	○	○	○	○

あなた出会いのステージを通して「ルールを守り、友達の良さをたくさん見つけられる人」になりましたか。　＊

前期のふり返りの場面で、フォームを活用した。フォームを活用すると集計にかかる時間が必要なくなることがわかった。
回答結果をすぐにフィードバックできることもよかった。

フォームで簡単に作成

前期のふり返りの場面で，フォームを活用した。フォームに質問事項を打ち込み，回答方法を選択するだけで簡単にアンケートを作成することができた。作成したフォームは Classroom を使って配布した。

これにより，アンケートを印刷したり，配布したりする時間を大幅に省くことができた。

フォームは記名するように

作成したフォームは記名するように設定した。記名することで満足できていないと評価した子どもが誰か把握したり，悩み事がないか声をかけたりして生徒指導に役立てた。

※フォームでは，子どもたちの回答は電子黒板に映したり共有したりしなければ，教師以外見ることはできない。教師はデータが守られていることを説明した上で，子どもたちにフォームを配布した。

アンケートは Classroom 内で作成し，配布した

自動で集計

フォームには，回答をすぐにグラフ化してくれる機能がある。このグラフにカーソルを合わせると，回答人数が表示される。

フォームが自動で集計を行ってくれるため，教師の負担が大きく削減された。

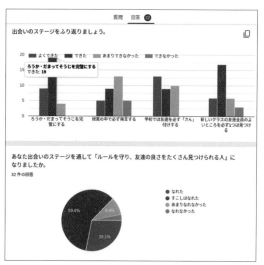

グラフにカーソルを合わせると，詳細が表示される

■ Google フォーム
（学級評価　前期のふり返り）

各ステージ（学期）ごとのふり返りをフォームに打ち込み，調査を行う。回答が終了したら，その場でグラフを見せることで次のステージ（学期）のめあてなどを話し合うことができる。

すぐにフィードバック

子どもたちが全員回答したところで，集計されたグラフを電子黒板に表示した。

すると，「まだ発表ができていないな」「もっとあいさつができるクラスにしたいね」などと，子どもたちがつぶやき始めた。

これらの発言をもとに，これからのクラスのめあてを話し合うことができた。

ここが
ポイント

多様なアンケート，テストも作成可能

フォームによるアンケート作成は簡単で，答え方も単一回答のラジオボタン，複数回答のチェックボックス，選択肢から選ぶプルダウン，記述式（短文のテキスト），段落（改行可能なテキスト）など様々。

設定の歯車のアイコンからテストにすることもできる。正答と点数を設定すれば自動採点され，正答・誤答，それぞれに応じた解説（フィードバック）を加えることもできる。（渡邉光浩）

ショートカットキー

これまで習った便利な機能

- コピー：ctrl + C
- 貼り付け：ctrl + V
- 切り取り：ctrl + X
- スクリーンショット：ctrl + ⬚
- 友達のアドレス：

  sas○○○@g.media.is.tohoku.ac.jp
- 先生のアドレス：

  sat○○○○@g.media.is.tohoku.ac.jp

ポインタを動かす	タッチパッド上で指先を動かします。
クリック	タッチパッドの下半分を押すかタップします。
右クリック	タッチパッドを2本の指で押すかタップします。または、Altキーを押した後、1本の指でタッチパッドをタップします。
スクロール	タッチパッドに2本の指を置き、縦にスクロールする場合は指を上または下に、横にスクロールする場合は指を左または右に動かします。
ページ間を移動する	履歴の前のページに戻るには、2本の指で左にスワイプします。履歴の次のページに移動するには、2本の指で右にスワイプします。
開いているウィンドウをすべて表示する	3本の指で上または下にスワイプします。 逆スクロールをオフにしている場合は上にスワイプします。逆スクロールをオンにしている場合は下にスワイプします。
タブを閉じる	目的のタブにカーソルを合わせてから、タッチパッドを3本の指でタップまたはクリックします。
新しいタブでリンクを開く	目的のリンクにカーソルを合わせてから、タッチパッドを3本の指でタップまたはクリックします。
タブを切り替える	ブラウザで複数のタブを開いている場合は、3本の指で左右にスワイプします。
ドラッグ&ドロップ	移動するアイテムを1本の指でクリックしたまま、希望の位置までドラッグした後、指を放します。

理科の予想を立てる場面でJamboardを活用した。

ショートカットキーを使うことで、これまでのChromebook操作が容易になり、簡単にイメージを表現することができた。

思考ツールで情報整理

　理科の半月の動きを予想する場面で，Jamboardに思考ツール（コンセプトマップ：下図）を貼り付けた。

　コンセプトマップの外側には，これまで学習した太陽の動きや満月の動きで知っている知識を書き込んだ。これらは，「方角」や「高さ」などの観点ごとに分けて書き込んだ。

　そして，それらの手がかりをもとに，半月はどのような動きをするのか下線部に書き込んだ（例えば，「満月は東から南，そして西へと移動する」→「だから半月も東から西，そして西へと移動する」といったように書き込んでいく）。

　最後に，全ての観点ごとの動きを合わせた半月の予想の動きを中央部分書き込んだ。

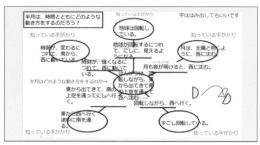

観点別に予想を立て，中央にまとめる

■ Google Jamboard
（小4理科「半月の動きを予想しよう」）

半月の動きを予想する場面で，コンセプトマップに動きの予想とその根拠を書き込む。

コピペで操作が楽に

上のイラストのコピペと簡単な書き込みでイメージ完成

　教師は思考ツールのシート以外に，イメージ用のシートを準備しておいただけだ。子どもたちは思考ツールに整理した半月の動きをこのシートに表現した。

　上部には半月のイラストを1つ貼り付けたのみで，下部には夜景のイラストを貼り付けた。

　子どもたちは上部の半月をショートカットキーの「ctrl+C（コピー）」を使ってコピーし，下部のイラスト上に複数の半月を「ctrl+V（ペースト）」を使って貼り付けた。貼り付けた半月の位置や傾きを調節することで，簡単に動きのイメージを表現することができた。

　タッチペンで矢印を書き込むなど，工夫しながらまとめる子どももいた。

ここが
ポイント

これまでの作業をより効率的に

　Chromebookを活用するメリットに，効果を高める，効率を高める，魅力を高める，という3つの側面が考えられる。この実践は，まさに効率を高めた好例であろう。これまでは半月の動きを表現するには，ノートに一つ一つ半月を書いたり，シールを貼ったりしていた。これでは時間もかかり，修正も大変である。しかし，Chromebookを用い，ショートカットキーを活用することで，自分の考えをつくる時間を大幅に削減することが可能となった。（三井一希）

シンプルな機能をより効果的に②

メールアドレスを使った共有設定

スライドやスプレッドシートなどは、メールアドレスを打ち込むと特定の人物とデータを共有できることがわかった。アドレスを忘れてしまう子どもたちのために、個別の支援を行った。

データ共有の仕方

👤 共有　アプリケーション上部の共有ボタンを押すと下部の記入欄が出てくる。

> 👥 ユーザーやグループと共有　⚙
> ユーザーやグループを追加

　1人がデータを作成し，アドレス記入欄に相手のアドレスを入力すると，データが共有される。

　どのようなデータが設定されるか把握するため，データ共有する際は教師も一緒に共有するようにルールを設定した。

少人数による活動が活発化

　子どもたちは共有方法を覚えると，様々な場面で共有を行いはじめた。

　例えば係活動の掲示を作成したり，学級会の司会集団で進行計画を作成したりした。宿題係は名簿を作成し，忘れ物をチェックするようになった。新聞係はフォームでクラスにアンケートを取り，集計結果をスライドでまとめるなどした。

　このように，特定の相手との共有設定が使えることで，少人数による活動が活性化していった。

係活動の掲示も子どもたちのアイデアが詰まっている

メールアドレスを忘れる子にはどうするか？

　メールアドレスを打ち込むのは，子どもたちにとって難しい作業である。アルファベットが並んでいるため覚えることが難しい上に，すぐに忘れてしまう。

　そこで，忘れてしまってもすぐに確認できるように，紙に印刷して Chromebook に貼り付けた。紙には子ども用のアドレス（個人が特定される数字の部分は空欄で表示）と教師用のアドレスを書いた。

　はじめはこの紙を見て入力し，完全に覚えた段階で紙を取ってもよいこととした。

キーボードの下に貼り付け，紙を見ながら入力できるようにした。貼り付けた紙の詳細。

チーム共同作業の仕方

①先生のメールアドレスを打つ
sat0003@ [＿＿＿＿＿＿] .jp

②友達のメールアドレスを打つ
sas＿＿＿＿@ [＿＿＿＿＿＿] .jp

縦向きサイズ　21×29.7

ここがポイント

個に応じた支援の工夫

Chromebook の導入後は覚えることがたくさんあり，子どもたちにも負荷がかかる。そこで，棚橋学級のように「カンニングペーパー」を作って，端末に貼り付けておくことをお勧めする。操作技能の習得にはある程度の慣れと時間が必要である。そこで，操作技能を暗記させるのではなく，困った時に参照できる環境をつくっておくことが有効である。カンニングペーパーを剥がすタイミングは児童に任せ，個に応じた支援になるようにするとよい。（三井一希）

オンライン朝の会

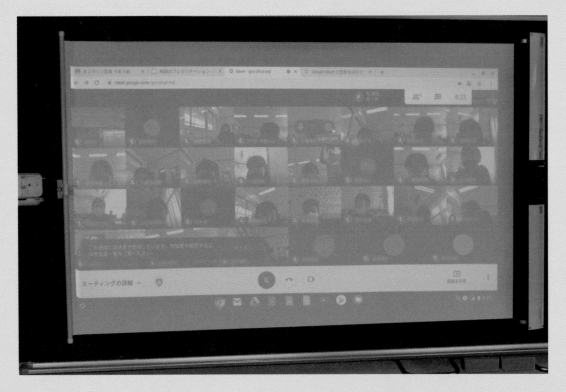

いつまた休校になっても遠隔授業が行えるようにするための準備として、Google Meet を使ってオンライン朝の会を始めた。

オンラインでのやりとりでは教室と違ったルールが必要だとわかった。

オンラインならではのルールづくり

オンライン朝の会の注意

① ルームに参加したらすぐにミュート（消音）にする。
② いつもより笑顔で！うなずいて聞こう。
③ 反応もおおげさに！
④ 自分が話すときはミュートを解除する。
⑤ 丁寧な言葉を使おう。
⑥ オンラインの教室も、普通の教室と同じ。いつもみんなの前で話さないつぶやきは言わないようにしましょう。

オンライン授業を始める前に子どもたちに提示したルール

オンライン授業の準備のために、Google Meetを活用して教室内で予行練習をした。オンライン朝の会を行うことでオンライン授業時の操作方法を身につけさせた。Google Meet のミーティングコードは Classroom 経由ですべての子どもたちがアクセスできるようにした。

はじめに教師がオンライン上での基本的なルールを提示した。

①基本的にはマイクをミュートにする

複数人が話すと音が途切れてしまうため、話す人だけがマイクを使うようにした。

②笑顔でうなずいて聞く

相手の話を肯定的に聞く態度を大切にした。

③リアクションを大きくする

話が伝わっている様子を理解させるため。

④自分が話すときはミュートを解除する

⑤丁寧な言葉で話す

あくまでも授業として使うことを意識させた。オンライン朝の会の内容は①健康観察②クイズ（子どもたちが準備）③じゃんけんとし、10分で終わるようにした。

健康観察では「1番元気です。2番どうですか？」と次の人へ声をかけるようにした。じゃんけんでは、カメラに向かって手を出さないと相手によく見えないこともわかった。実際にやってみて気づくことが多々あった。

チャットのトラブル

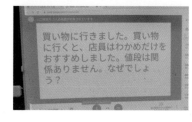

買い物に行きました。買い物に行くと、店員はわかめだけをおすすめしました。値段は関係ありません。なぜでしょう？

クイズで答える際にチャットを使って反応するようにした

子どもたちが出題するクイズの場面では、Google Meet 内のチャット機能を活用した。マイクで発言しようとすると、複数の子どもたちが同時にミュートを解除させてしまう恐れがあったためである（現在では「手を挙げる」機能が追加されたため、こちらも併用している）。

初めてチャットを使用してみると、「ヒントください」や「なるほど〜」といった反応が何件も投稿された。これを見た大多数が不快感を表し、「ふざけている」「鬱陶しい」などと発言した。そこでもう一度チャットの使い方について話し合い、「チャットはインターネット内の教室だから、いつも授業で言わないようなことは発言しない」という新たなルールを加えた。

このトラブルを通して、インターネットは個人だけでなく、不特定多数の人が見ているものだから、発言には注意しなければならないことを強く言い聞かせた。

ここがポイント 👉

学び方の避難訓練

避難訓練は必ず一月に一度行われる。だから子どもたちは災害が起きても無事に避難することができる。学びも全く同じであり、取り組んだことがないことを、急に取り組むことは不可能である。GIGA スクール構想で情報端末が整備されたとしても、時々オンライン授業を行ったり、日常的にクラウドを活用した学習に取り組んだりしていなければ、急に必要になった時、対応することはできない。（佐藤和紀）

思考ツールに慣れさせる

授業の考えづくりの場面で思考ツールを
活用した。

様々な思考ツールを活用することで、子
どもたちは自分でツールを選択するよう
になってきた。

場面ごとに最適なツールを使用する

　2カ月ほど経つと，子どもたちのタイピングスピードは学習を進めるのに不自由ないほどに成長した。そのため，考えづくりの限られた時間の中でたくさんの情報を入力することができるようになった。

　そこで，様々な種類の思考ツールを活用して考えをまとめるようにした。思考ツールにはそれぞれ特徴があり，目的によって使い分けないといけないため，教師が授業準備の際に目的に適した思考ツールを選択した。

　また，「比較する」「分類する」などの用途が同じでも，使ったことのない思考ツールを積極的に活用し，情報の整理の仕方を子どもたちに覚えさせた。

自分で選択したコンセプトマップを使って教科書の内容をまとめている様子

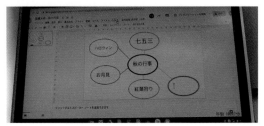

ウェビングマップを活用し，アイデアを広げた

個別学習へと変化

　一通り思考ツールを使った頃から，同じ特徴をもつ思考ツールを複数提示し，子どもたちに選択させるようにした。

　このようにして，子どもたちの学習形態が教師の指示による一斉授業から，子どもたち自身が学び方を考える個別学習へと少しずつ変化していった。

選んだツールによって深まりが変わる

　選んだ思考ツールの違いによって子どもたちの思考の質が変わることがあった。

　例えば社会で「まちづくりの工夫」についてクラゲチャートとコンセプトマップを使用した際，コンセプトマップにはまちづくりの取組みとその詳細を書き込むようになるが，クラゲチャートでは取組みしか書き込む欄がなかった。

　そのため，意見を十分にもてていない子どもたちが交流場面で黙り込んでしまう様子が見られた。

　どのような思考ツールを子どもたちに選択させるかについては，まだ課題が残る。

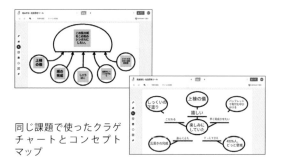

同じ課題で使ったクラゲチャートとコンセプトマップ

ここがポイント

思考ツールを自ら選択する

どの思考ツールを使えばどのような整理ができ，どのような伝わり方，表現ができるようになるか，ということまで理解していないと，「自分で思考ツールを選ぶ」ということはできない。

また，クラウド上の Google ドライブから思考ツールのファイルをコピーして自分のパソコンに開く，といったクラウドを理解した ICT の活用が促進されていることがわかる。（佐藤和紀）

どう使う？

はじめに活用したのは Google アプリの中のスライドです。総合的な学習の時間に自分たちの県の紹介したい場所をインターネットで調べ，スライドにまとめました。（西久保真弥）

＊先ずはスライド

最初は，インターネットから自分が使いたい写真をコピーしスライドに貼り付けるという操作を行いました。

このアプリは非常に便利で，その後，修学旅行のパンフレットを作成したり，教科の学習で単元の最後に自分なりにまとめたりすることにも使いました。

操作に慣れてきたら，写真だけでなくそのスライドに自分で調べた文章を入れ，オリジナルのスライドを作成しました。さらに，そのスライドをグループで発表をするという学習の流れをパターン化させました。しかし，毎回は時間を取れないので，まとめたものをプリントアウトし教室に掲示することもありました。

友だちが調べ，まとめたスライドなので，子どもたちも興味をもって読んでいました。

＊学習の流れをパターン化

▶▶ Google スライドの活用

Google スライドは，プレゼンテーションのスライドを作るアプリである。ただし「テキスト・画像・写真などを挿入でき，それらを自由にレイアウトできる」と考えると，かなり自由度が高く，汎用性があるアプリだといえる。西久保先生のクラスの総合的な学習の時間は，9月から12月まで修学旅行が題材で，ずっと Google スライドを使っていたが，その活用の仕方はバラエティに富んでいた。

まず，調べ学習のメモとしての活用。自分たちの県で紹介したい場所を検索で見つけ，スライドにその場所の写真を貼り付け，簡単なキャプションを付ける。何枚か集まってから，子どもたちはそれをそのまま使って，グループや全体で発表をしていた。

次は，修学旅行に持って行くパンフレット製作。修学旅行に行く前に，見学を予定している場所について調べて，スライドにまとめる。プレゼンテーションではないので，文章が少し多め。ただし，Webページにある文章をそのまま写すのではなく，クラスの友だちが読んでもわかるような文章に直すようにすることなどを指導されていた。完成したものはプリントアウトして，実際に修学旅行に持って行っていた。

そして，帰ってきてからは，修学旅行で学んだことをプレゼンテーションにまとめ，クラスで発表した。

教科でも，単元のはじめに自分の興味をもったことや疑問に思ったことのメモや，単元の終わりのまとめや発展学習に活用。各自でスライドを作成するだけでなく，1枚のスライドにグループのみんなで同時に書き込んで見合うような活用もされていた。

Google スライド やデジタルのホワイトボードである Jamboard など，自由度の高い汎用性のあるアプリは，アイデア次第で様々な活用ができるだろう。

また，動画視聴ができることも授業に効果的に使えました。例えば，図画工作の時間にどのように作るのか作成過程を見たり，アイデアがなかなか浮かばない児童はヒントを得たりすることができました。

一斉に1回だけ見せるのももちろん効果的ですが，自分の Chromebook があることで自分が見たい時にすぐ見ることができるのは，子どもの思考を手助けする面でとても便利でした。

＊見たいときに視聴

＊共同編集※

同じページを共同編集できるようになり，社会科や学級活動などでそれぞれの考えを出し合うときに，自分の席で友だちの意見を見たり，参考にしたりしながら意見を書くことができるようになりました。

▶▶ Google ドライブ を使った共同編集

子どもたちが Chromebook で作成したものはクラウド上の Google ドライブに保存される。「保存」といっても，作成を始めた時点から自動的に保存が始まり，修正を加えるたびに自動的に更新されていく。最初に「名前を付けて保存」をせずに済み，ファイルの保存をし忘れたということもない（後からファイルの名前を付けることも可能）。

どのような操作を行ったかも記録されていて，例えば操作を間違ってしまった場合も，メニューの[ファイル]から[変更履歴]をたどっていけば，元に戻すことは可能である。

Google ドライブ はクラウド上にあるので，ファイルの共有も簡単で，例えば先生が課題として配布したスライドに，同時にアクセスして書き込むような共同編集が可能である※。

共同編集もクラウド上で行うので，ファイルは自動更新され，変更履歴が残る。また，共同編集の場合の変更履歴には，誰がどの操作を行ったということも記録されている。

例えば，西久保先生の学級で初めて共同編集を行ったときにも，間違って友だちの書き込みを消してしまったことがあった。そのような場合，元に戻すことは可能だが，履歴をたどって，その時点のファイルを保存して…としている間，そのグループの活動はストップしてしまった。元に戻せるとはいえ，共同編集を行うときには，書き込みなど友だちが行った作業を消さないように気をつけさせるような指導も必要だろう。（渡邊光浩）

※自治体や学校によって，共同編集ができない設定になっている場合もある。

棚橋学級のDX（デジタル トランス フォーメーション）

三井一希 ●常葉大学教育学部・専任講師

棚橋学級では Chromebook が導入されたことで，多くの DX に挑戦してきた。DX を行ったことで，これまで実現できなかったことが可能となった。実例をもとに Chromebook 導入後の DX の意義を考えていく。

1 DX を行う意義

1 人 1 台の Chromebook が導入されることで，DX を進めやすくなる。ここでの DX とは，デジタル技術を活用して学校生活や児童生徒の学びをよりよい状態へ変革していくことである。

DX はアナログで行ってきたことを単にデジタルで「代替」すればよいということではない。そこには，デジタルに変えることで，これまでは実現が難しかった新たな価値が含まれていることが重要である。棚橋学級の 3 つの実例をもとに考えていく。

2 掲示物や作品を DX

棚橋学級は，係の掲示物やクラス新聞を Chromebook で作成して掲示している。画用紙やペンを使っても作成できるが，Chromebook で作成することで，写真やイラストを挿入できたり，フォントの色や大きさを簡単に変更できたりするため，表現の工夫を行いやすくなる。さらに，イラストや字が下手でこうした掲示物に苦手意識を持っていた児童も意欲的に参加できる可能性が高まる。このように，掲示物を DX することで児童の表現力や取り組みの意欲を高める効果が期待できる。

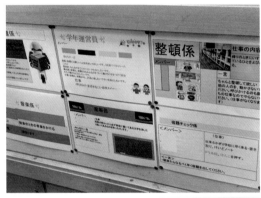

図1　係の掲示物

図2　クラス新聞

手書きには手書きのよさがあり，それは否定しない。しかし世の中の印刷物の多くは，デジタルで表現されている。小学校段階から印刷物をデジタルで作成し，表現の工夫を学ぶ経験が今後は重要になってくる。

図3　Chromebook で作成したリーフレット

❸ コミュニケーションを DX

棚橋学級では，チャットを使って授業中にコミュニケーションを取る場面がある。具体的には，各自が調べ学習に取り組んでいる最中に，自分が探した有益な情報を友だちと共有したり，問題の解き方がわからないときにチャットで友だちに質問したりする場面である。先生が児童の取組状況を画面上で確認しながら，チャットでコメントを送ることもある。

授業中，児童はこれまで近くの座席の人としかコミュニケーションをとれなかった。しかし，チャットがあることで座席が遠く離れた友だちとも文字を介してコミュニケーションをとれる。また，口頭でお勧めの Web サイトの URL を伝えることは困難だが，チャットであればすぐに友だちと共有でき，リンクを押すだけで該当の Web ページに飛ぶことができる。

教師はこれまで教室内を歩き回りながら，個別の支援を行ってきた。それが Chromebook を活用することで，児童全員の考えや進捗具合を手元で把握することができる。状況に応じて個別にメッセージを送ることもできる。机間指導の効率化という面でも DX 化には価値がある。効率化した分，これまで以上にきめ細かく指導を行うことにつなげたい。

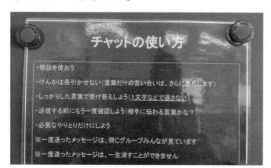

図4　チャットの使い方の掲示物

チャットを使うと，悪ふざけや不適切なメッセージなどのトラブルが生じる恐れがある。そんなときは，チャット機能を禁止するのではなく，情報モラルを指導する機会だと捉え，学級全体で考えるようにしたい。

❹ 朝の会を DX

棚橋学級では，朝の会の DX 化を行ったことがある。先生も児童も全員が教室にいて，各自の Chromebook から Google Meet を使ってオンラインで朝の会を行った。

図5　Chromebook で朝の会

なぜ，このようなことを実施したのか。それは，自然災害や感染症による臨時休業を見越して平常時から Google Meet でつなぐ練習をしていたのである。緊急時にいきなりオンラインでつなぐことは難しい。平常時に練習をしておくことで緊急時にも対応できるのである。これは，避難訓練を平常時に行うことと似ている。

教師も児童も同じ教室内にいるので，操作でわからないことがあってもすぐに解決できた。朝の会を DX 化する取組みを通じて，学びを止めない仕組みづくりを目指したのである。

先を見越した取組みがすごい

倉嶋義人 ●焼津市立豊田小学校　主幹教諭

❶ 困っている友だちを 支える周囲の子

子どもたちの機器を扱う習得スピードは目を見張るものがある。しかし，当然ながら全員が同じように機器の扱いを習得できるわけではない。スキルの習得が目的ではなく機器を道具のように使いこなし，子どもたちがその時間のねらいを達成すべきだと考える。スキル指導をしているだけではいけない。

使い方に困っている子を周囲の子たちが助けている様子を度々目にした。担任の助けもある中で，子どもたち同士で互いにスキルアップを図れている。

❷ 情報モラル学習

でき上がった考えや作品，考える途中の段階で，互いによさを伝え合ったり，アドバイスをし合ったりする手段としてチャットを利用していた。その中に，よい印象を与えない書き込みがあった。人により受ける印象が異なること，目の前にいる時以上に言葉に気をつけて利用することについて指導を行う機会となった。

予想をし，準備もしていたので，その時にその場で必要な指導を行うことができた。普段の学級経営がしっかりしている必要を再認識した。

❸ ねらいに迫るための方策を探る

機器を使う場合でも，考えを比べる，分類する，多面的にみる，関連付ける（関西大学初等部『思考ツールを使う授業』さくら社）など，ねらいに迫るためにその時に必要なことは何かを意識した思考ツールを選択し，授業実践を行っていた。個人でも，小集団でも意見を整理する時に用いていた。

思考ツールも回数を重ねたこと，入力が早くなったこともあり，有効に使えつつある。今後もねらいに迫る学習課題を設定すること，取り上げて話し合いたい子どもの表れをとらえることで，より道具としての効果が上がると考えられる。

❹ 職員への公開，拡散

今回の実践は，事あるごとに公開され，参観することができた。最近では子どもたちの機器の使い方に圧倒されることも多くなった。しかし，Google Workspace を利用していく場合にも学習のねらいがしっかりとしていることが大事であることに変わりがないことは参観した教員たちの感想である。

現在は打ち合わせなど校務で全職員がGoogle Workspace を利用しはじめ，授業のどの場面で何を使うと有効か考えているところである。

実践
3カ月目

「共同」から「協働」へ

　共有の仕方を知ったことで，子どもたちは積極的にデータを作成するようになりました。休み時間は同じ係の友だち同士で集まり，一緒に掲示物を作ったり計画を立てたりしていました。これまで子どもたちは，教師が準備したデータにアクセスしなければ共同編集できませんでしたが，自分たちで行うことができるようになりました。

　また，子どもならではの面白い使い方もありました。スライドに文を書いて共有していたのです。この使い方は正にメール機能にそっくりだと思いました。このような様子を見ると，子どもたちはデータの共有だけでなく，コミュニケーションも必要としていることがわかりました。
そこでチャット機能の活用を試みました。チャッ

ト機能を使うと，グループ内の友だち同士でデータを共有したり，メッセージを交換したりすることができます。私は，これまで子どもたちに必要感がないのにグループで話し合いをさせることがありました。しかし，チャット機能を使えば個人が必要な時だけグループに話を投げかけることができ，それ以外の場面では自分の学習に集中することができます。このような観点から，子どもたちの学習の深まりはこれまで以上に深まっていくと思いました。

　このように，3カ月目はこれまでの「共同」編集による学習形態が，チャット機能によって一人一人の学習を見合う「協働」的な学習へと変化していきました。（棚橋俊介）

チャット機能

情報共有の手段として、Google Workspace
アプリのチャット機能を活用した。

チャット機能やコメント機能などを使う
ことで、調べ学習が深まったり、学びを
ふり返るきっかけになったりすることが
わかった。

チャット機能の始め方

　チャット機能を使うためにはまずチャットグループを作らなければならない。グループの作成者がメンバーのメールアドレスを打ち込むことでチャットグループを作成することができた。

　また，必ず教師もチャットグループに入れるようにルールを定めた。子どもたちにはチャット内でのトラブルや正しくチャットを使うことができているのか確認するためだと説明した。

　次にチャット機能を使う上でのルールを決めた。以前の Google Meet 内のチャットトラブルをもとに「誰もが閲覧できること」「発言の仕方で不快に思う人がいること」を確認した上で「敬語を使うこと」をルールに定めた。

　メッセージの送り方やデータの共有の仕方は試しに一度使ってみると子どもたちはすぐに覚えることができた。また，同じグループ内で特定の相手に返信を送る際のメンション（文のはじめに「@（ユーザー名）」を入力することで特定の誰かに言及することを表す）の仕方もこの時に確認した。

個別学習で生きる

　社会や総合的な学習の時間の調べ学習の場面でチャット機能を活用した。

　調べ学習は個人で行うがわからないことがあるとチャットでグループメンバーに相談したりそれぞれの進行状況を確認し合ったりしていた。

　このように個別の学習が会話によって中断されることがなくなり，子どもたちはこれまで以上に集中して学習に取り組めるようになった。

チャット機能によって情報交換が活発に行われるようになった

コメント機能も活用

子どもたちはコメントを交換し合いながら学習をさらに深めていく

　授業のふり返りの場面ではスプレッドシートのコメント機能を活用した。

　2週目の実践で紹介したように（p16 参照），ふり返りの場面ではフォームの回答結果をスプレッドシートに出力していた。このスプレッドシートの設定を変更して，子どもたちがコメントを書き込めるようにした。

　ふり返りを書き終えた子どもたちは，友だちのふり返りを読み，感想や質問などを書き込むようにした。ふり返りは書いたら終わりではなく，さらに学習を深めるための手段とした。

コメント設定への変更と，コメント入力のアイコン

ここがポイント

チャットを介して友だちとつながる

チャット機能を有効に活用している事例である。チャット機能を使うことで，授業中でも友だちとコミュニケーションをとることが可能となる。わからないところを聞いたり，感想を送り合ったり，有益な情報を共有し合ったり，ということが簡単に行える。これまでは座席の近い友だちでないとコミュニケーションをとることが難しかったが，チャット機能があれば教室内のどこにいてもコミュニケーションが可能となり，協働的な学びが進みやすい。（三井一希）

新しいアプリに触れさせる

これまで使ったことがないGoogleアプリ
を試しに使い、学習や生活に生かした。
Google Earth や Google カレンダーを使っ
てみることで、活用の幅がさらに広がっ
ていった。

いつでもどこでも旅することができる

社会で「歴史を生かしたまちづくりポスターを作ろう」という場面で Google Earth を活用した。

Google Earth では調べたいまちの住所や建造物などを検索すると，その場所の上空写真やストリートビューを見ることができる。子どもたちはストリートビューを使って旅行を疑似体験し，資料となる画像をスクリーンショットしてポスターに貼り付けた。

地球から目的地を探そうとする子どももいた

友だちとカレンダーを共有

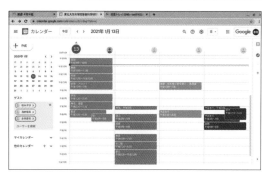

持ち帰りが始まれば，一緒に勉強できる時刻も調整できる

カレンダーを使って自分のスケジュールを管理した。

カレンダーには宿題や食事，習い事などの予定を書き込み，生活の見通しをもたせた。また，アドレスを入力することでスケジュールを共有することができるため，同じグループの友だちと共有した。

子どもたちは友だちのスケジュールを見ることで刺激を受け，宿題の時間を増やしたり，就寝時刻を早めるなど調整を行っていた。他にも，係でカレンダーを共有し，休み時間の活動を確認し合うなど創意工夫する姿も見られた。

ここが
ポイント

友だちの計画から学ぶ

ビジネスの世界ではカレンダーを共有することは一般的に行われている。それにより互いの行動を把握したり，予定の調整を行ったりしている。Google カレンダーを使うことで，同様のことが簡単にできる。棚橋学級のように，一日のスケジュールを書き込んだり，勉強時間や生活時間を記入したりしておくことで，友だちがどのように生活しているかを把握できる。そこからの気付きも多い。まさに「人のふり見て我がふり直せ」である。（三井一希）

デジタル ポートフォリオ

子どもたちが見通しをもって学習し、これまでの学習をいつでもふり返ることができるように「デジタル ポートフォリオ」を作成した。

初めてポートフォリオを作成すると、成果と課題が見えてきた。

子どもたち自ら学習計画を立てる

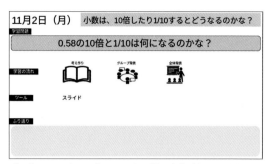

11月2日（月）　小数は、10倍したり1/10するとどうなるのかな？

学習問題
0.58の10倍と1/10は何になるのかな？

学習の流れ

ツール　　スライド

ふり返り

ポートフォリオは1枚のシートで学習内容がわかるように工夫した

　スライドを使ってポートフォリオを作成した。このポートフォリオは国語，算数，理科，社会など様々な教科で活用した。

　1枚のスライドで学習内容をふり返ることができるように学習課題・学習問題・学習の流れ・ふり返りを入力できるようにした。

　ポートフォリオの1ページ目には学習活動や思考ツールを表すアイコン集を作成した。子どもたちはこのアイコンをコピペしてポートフォリオに貼り付け，学習計画を立てた。また，思考ツールは新しいスライドに貼り付けることで，そのまま使うことができた。

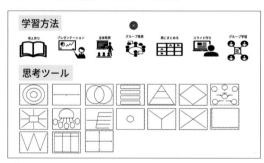

ポートフォリオの1ページ目

成果と課題

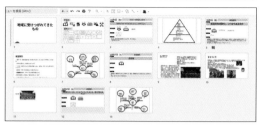

子どもたちが作成したポートフォリオ

　＜成果＞

・子どもたちは積極的に授業学習計画を立てていた。自分たちで授業を作り上げていく意識が高まった。

　＜課題＞

・授業の流れや思考ツールを貼り付ける際に，何度もスライドのページを往復しなければならず，手間がかかった。

・学習課題や学習問題を書き写すのに時間がかかった。教師がポートフォリオのページを配布し，コピーして自分のポートフォリオに貼り付けた方が早そうだと感じた。

・算数の計算の場面で，思考ツールを使って計算しようとする子どもがいた。ポートフォリオによって思考ツールを使う意識は高まったが，使うべき場面をもう一度確認しなければならないと感じた。

> ■ Google スライド
> （学習計画と思考ツール「地域に受けつがれてきたもの」）
>
> 子どもたちは1ページ目のアイコンをコピーしてポートフォリオに貼り付け，学習計画を立てたり，新しいページに貼り付けて思考ツールとして活用したりする。　

単元の見通しとふり返り

棚橋学級では既に授業がパターン化されていて，子どもたちは1時間を見通しをもって進めることができるようになっていた。さらにデジタルポートフォリオを用いることで，単元も見通すことができるようになった。またポートフォリオは，もともと学習過程を残すものである。1人1台情報端末がなくてもノートで単元のふり返りはできる。しかし，デジタルにすることで簡単に見やすく学習過程を残すことができ，ふり返りがよりしやすくなる。（渡邉光浩）

Google ドキュメントの機能

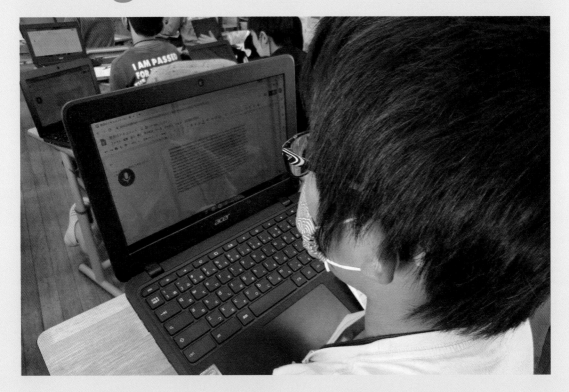

外国語で発音練習をする場面で Google
ドキュメントの音声入力機能を活用した。
子どもたちは音声が正しく入力されると
自信をもつことができ、交流にも積極的
に参加することがわかった。

準備はとても簡単

簡単に音声入力を行うことができる

外国語の発音練習の場面でドキュメントの音声入力機能を活用した。使い方はとても簡単で，「ツール」から「音声入力」を選択し，入力言語を英語にするだけで英語の文字入力が可能になった。

発音練習中はマイクをオンにし続け，子どもたちは話したことが正しく入力されているか確認しながら発音練習を行った。

発音練習を行った後交流を行うと，いつもよりも積極的に参加する姿が見られた

様々な場面で活用できそう

音声入力はタイピングを必要としないため，キーボード入力が苦手な段階では使えそうだと思った。

また，スピーチなど自分の思いを伝える場面で音声入力を活用すれば，自分が話した内容をもう一度ふり返ったり，修正したりすることができる。このように，音声入力は様々な場面で活用できると考えられる。

音読練習で子どもたちが音声入力したテキスト

文字カウントで要旨づくり

国語で字数制限をして要約を書く場面でも，ドキュメントを活用した。

はじめに，スプレッドシートで「はじめ・中・終わり」の組み立て表を作成し，文章の構成を考えた。

次に，組み立て表をもとに，ドキュメントに要約を書いた。子どもたちは一度文書を書き終えた後に文字数を確認し，付け足したり必要ない文を削除したりして微調整を加えながら，簡潔な文章を作成した。

このように，文字カウント機能を使うことで子どもたちは字数を意識しながら相手に伝わりやすい用紙をまとめることができた。

授業で使用したシートと文字カウントの画面

ここがポイント

Google の音声入力

Google ドキュメントの音声入力は，スマートフォンに「OK,Google!」と話しかけた時と同様に，AI によって認識されている。ディープラーニングを用いて，文脈から判断されるため，英文の認識や日本語入力の精度には驚くが，英語の発音の確認や音読のチェックに使うという棚橋先生や西久保先生のアイディアにも目を見張る。なお音声入力は，スライドのスピーカーノートという発表原稿を作成する場面でも使える。（渡邉光浩）

主体的な学びへの変化

社会や総合的な学習の時間の調べ学習の
場面では、子どもたちがポートフォリオを
使って主体的に学習を進めるようになっ
た。
これまでの指導の積み重ねによる効果を
感じた。

最初は一緒にやってみる

社会の「歴史を生かしたまちづくり」の単元では，「歴史を生かしたまちづくりポスターを作ろう」というパフォーマンス課題を出した。調べてポスターにまとめるまでの作業を子どもたちがすべて行うことができることを目標にし，授業を組み立てた。具体的には，全員で同じまちのポスターを作ってから，個別学習へとつなげた。

はじめに教師が手本となるポスターを提示し，イメージをもたせた

まず，ポスターを作るためには評価基準が必要なため，ルーブリックを作成した。

この評価基準を満たすためには情報を整理する必要があった。そこで，ポートフォリオに学習計画を立て，思考ツールを使って情報を整理した。次にポスターの作り方を指導した。スライドを活用してポスターにまとめることや，ポスターには必ず「タイトル」「キャッチコピー」「まちづくりの工夫」「写真」が必要なことを確認した。これらを学習した後，思考ツールで整理した情報をまとめてポスターにした。

評価	A	B	C
地域の特色がわかるキャッチフレーズ	簡単な言葉の中に意味がたくさん隠れている	難しい言葉だが，特色が分かる	コピペ 特色がわからない
まちづくりの様子 写真	5種類以上	3〜4種類	1〜2種類
写真につける説明	短い言葉で，建物の工夫が書いてある	短くはないが，工夫が書いてある	工夫は書かれていない

最終目標
自分たちで好きなまちについて調べ、まちの人々の思いが伝わるポスターを作ることができる

実際に作成したルーブリック

子どもはすごい！

一度ポスターづくりの学習を経験した上で，個人でまちづくりポスターを作成していった。

授業のはじめに，ルーブリックを意識することと学習の流れを簡単に確認した後，子どもたち個人で学習を進めていった。子どもたちが学習している最中は，教師はChromebookの操作についての質問に対応した。

子どもたちは学習の進め方がわからなくなったり，自分の調べた情報が適切かどうか知りたくなったりした時は，指示を出していなくてもチャットを活用して友だちと情報交換を行った。

学び方の多様化

子どもたちは、これまでの学習経験を生かして，様々な思考ツールを活用して情報をまとめるようになった。例えば，調べ学習の流れをフローチャートにまとめて見通しをもったり，一番伝えたいことはなにかピラミッドチャートにまとめて情報を絞ったりする様子が見られた。

子どもたちの学びは初期に比べて多様化していることがわかった。

ここがポイント

変わらずに大切なこと

ルーブリックを用いた評価，思考ツールを用いた学習，初めての活動では最初は全員で一緒にやり少しずつ子どもたちに任せる。棚橋学級で行われたこれらのことはChromebookの有無に関わらずに大切なことである。Chromebookが導入されたことで，新たに必要となる指導項目がある一方で，Chromebook導入以前から行われていたことが変わらずに大切になることもある。変わらず大切なことにもしっかりと目を向けたい。（三井一希）

Google スライドでの図形操作①

算数の「面積」の授業で、図で示された
4種類の花壇の広さを比べる活動で、
スライドを活用した。
子どもたちは自ら直線や図形を挿入して
広さを表す根拠を探した。

花壇の図は教師が手づくり

算数の「面積」の授業で広さを比べる場面でスライドを活用した。教師は教科書のページの画像を貼り付け，子どもたちに配布した。スライドで資料を作成した理由は，Chromebook を使うと教科書の図に線を書き込んだり図を重ねたりするなど，操作がしやすくなるからである。この時，既習事項の「いくつ分で考える」視点をもって考えるように声をかけた。

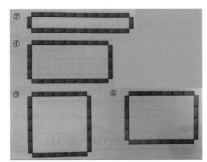

子どもたちに配布したスライド

創意工夫しながら考える

4種類の花壇の広さを比べるために，子どもたちは同じ図形を敷き詰めたり花壇を重ね合わせたりして調べた。

Chromebook を使えば，コピー＆ペーストや重ね合わせなどの処理がすぐにできるので，子どもたちは様々な調べ方を試すことができた。

また，活動の中で「同じ大きさに区切る」ことに着目した子どもが，表を使って花壇を等分する姿も見られた。パソコンの操作スキルを自分なりに活用しているように感じた。

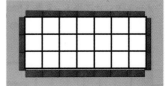

図の中に表を挿入して同じ大きさに区切った様子

多種多様な意見で話し合いが活性化

自分で図形を操作することで，子どもたちから様々な意見が出た。直線を使って均一に区切ったり，正方形を敷き詰めて何個分入るのか調べる子どもがいた。

画像と同じ花壇を自分で作り，重ね合わせて比較する子どももいた。これは教師が示した視点とは異なるが，図形操作によって多種多様な意見が出てきた。このようにデジタルツールを使うことで，画像の加工，移動，複製が容易にできるため，子どもたちは発想力豊かにたくさんの考えを出すことができた。

様々な視点から比較することによって子どもたちも確信をもって答えを出すことができた。

また，子どもたちから出てきた意見をもとに，決まった大きさの正方形を数える面積の単位について話をつなげることができた。

自分で作った花壇を重ね合わ直接比較を行って説明している様子

ここがポイント

試行錯誤の段階こそデジタルで

試行錯誤の段階にこそデジタルを導入したい。1人1台あるからこそ，積極的にチャレンジしたい。デジタルにすることで，線をひいたり，切ったり，移動したりということが簡単にできる。デジタルだからこそ修正もすぐにできる。また，自分の考えを友だちと共有することも可能である。ただし，重さの学習や長さの学習など量感をもたせることが大事になる単元もあるので，教師はどの場面をデジタル化するかの見極めを行わなければならない。（三井一希）

チャット機能による 学習形態の変化

子どもたちはチャット機能を使って効率的に学習するようになった。
また、子どもたちのチャット機能の使い方には様々な用途があり、これらを上手に使い分けていることがわかった。

チャットは話すだけじゃない！

初めてチャット機能を使った時は，個人学習に集中しながら友だちに相談することが目的だった。しかし，子どもたちがチャット機能の使い方に慣れてくると，様々な用途があることがわかった。

まさに学び方改革！

子どもたちは調べ学習の場面で，友だちと頻繁に情報交換をする。しかし，チャットの着信がある度に画面を切り替えなければならないので時間がかかり，自分の調べ学習を思い通り進められないことがあった。

そんな時，1人の子どもがウィンドウを画面上に2つ並べられることに気がつき，チャット内で紹介した。このように効率的な学習の仕方を教え合うことで，より質の高い学習ができるようになった。

学習の仕方を紹介する子どもの会話

情報共有のプラットフォーム

Chromebook で調べ学習をする時の壁は，インターネット検索である。インターネットには膨大な情報が溢れており，その中から適切な情報を抜き出すのは大人でも容易ではない。検索ワードの少しの違いによっても見られる情報は変わってしまう。

子どもたちも，はじめはインターネットを調べても自分たちがわかるサイトを見つけることができなかった。しかし，チャット機能を使いはじめてからは，よいサイトを見つけたらリンクを送り合い，情報共有をし合うようになった。また，「○○について調べているのですが，よいサイトがあったら教えてください」といったように，友だちに依頼し一緒に調べていく様子も見られた。

子どもたちはよいサイトを見つけると，すぐ友だちに教えたくなる

「わからない」は，恥ずかしくない

チャットの中では「何からはじめればよいかわからない」「評価基準に到達しているのかわからない」「よいサイトがどこにあるのかわからない」など心配事が飛び交った。

これまでの学習では成果物ができたり，ある程度まとめができた段階などで交流し，アドバイスや感想を出し合うことが多かった。しかし，チャット機能を使うことによって誰でもわからないことを気軽に発言できるようになった。

このような意識の変化によって学習に後れる子どもたちが少なくなったのも，チャット機能のおかげである。

ここがポイント

どのように学習していても協働

これまでの多くの資料では，ICT を活用する場面を「個別学習」「一斉学習」「協働学習」と分けて説明されることが多かった。しかし，クラウドを活用したチャットやリアルタイムでの共同編集によって，どんな場面でも常に学び合う姿が見られるようになった。これこそが GIGA スクール構想で目指す姿の一つである。社会では，仕事はこうして進められている。時々，チャットやメールを禁止する，といった声を聞くが，それはすなわち新しい学び方の習得機会を損失することとなる。（佐藤和紀）

Google スライドでの図形操作②

算数の複合図形の面積の求め方を考える
場面で、スライドを活用した。

子どもたちはスライドに挿入された図形
を動かしたり色付けしたりして、様々な
解き方を考えた。

同じマスを貼り付けるだけ

教材のスライドは教師が作成した。

はじめに表を挿入して，1平方センチメートルマス（正方形）作成した。次に，そのマスにぴったりな正方形を挿入する。そして，その正方形をコピー＆ペーストして複合図形を並べることで完成した。

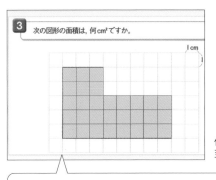

作成方法は至って簡単

■ Google スライド
（小4算数「複合図形の面積計算」）

長方形や正方形の面積の求め方を使って複合図形の面積を求めるように課題を出す。子どもたちは図形を動かしたり，色付けしたりしてそれぞれの考えをまとめる。

切ったり塗ったり自由自在

子どもたちは様々な考え方を，スライドの機能を使って表現していた。

＜色付け＞

マスを色付けすることで解き方を可視化する

大きな長方形の面積から，要らない部分の長方形の面積を引く方法を，色付で表現した。引く部分を複合図形と別の色にすることで視覚的にわかりやすくなった。

＜移動＋色付け＞

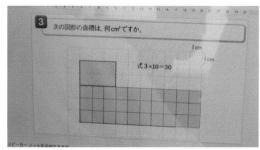

式 3×10＝30

あえて元の上部を色付けして残し，移動の様子がわかるように表現している

複合図形の上部を切り離し，下部に移動させて新たな長方形を作った。どの部分を移動させたのかわかるように，もとの図形を色付けした。

＜直線を引く＞

直線を引くことで，複合図形をどのように切り離すのかイメージできる

複合図形に直線を引いて上部と下部の長方形に切り離して面積を求めることを表現した。

ここがポイント

ICT は効率化のためのツール

活用1カ月目に棚橋学級を参観したとき，図形は指でなぞって作成していたが，その図形はゆがんでおり，正確とはいえないものであった。事例のように行えば，正確かつ効率的だということを理解している証拠である。ICT の効果的な活用は，そもそも効率的に活用できた上で「効果」を実感するものである。子どもたちは3カ月の活用を通して，Chromebook をどう使えば「効率的にできるか」ということを実感して学習してきたことが，この活動につながっている。（佐藤和紀）

Google Workspace アプリが大活躍!!

> 使いはじめの頃は「とにかくどの授業でもたくさん Chromebook を使わなきゃ」と思い込んでいたのですが，そもそも自分自身も使い方を知らないのにできるわけがありませんでした。そのため，無理に使うのではなく，自分が自信をもって使えるアプリを使えるときにだけ使っていこうと考えました。（西久保真弥）

＊まずは Classroom

今日どんな活動をするのか子どもたちが確認するのはこの Classroom からです。ここに教師がクラス全員に向けて課題を出し，その課題を子どもたちが取り組んでいくという形になります。ですから，子どもたちは Chromebook を使う授業になると，授業が始まるまでにはこの画面を開け，待機しておくというのが毎回の流れになっています。

▶▶ 授業は Classroom から

Google Classroom は授業支援のアプリである。西久保先生が授業を始める前に画面を開かせているが，Chromebook を使った授業はここから様々なことを行うことができる。

まず，活動の手順を示すことができる。授業では，もちろん先生が口頭で説明をすると思うが，ここに書き込んでおけば，子どもたちはいつでも手順を確認することができる。

また，リンクやファイルの共有も可能である。参考になる Web ページのリンクを貼り付けたり，見せたい資料などのファイルを置いておいたりすることもできる。

子どもたちに Chromebook で何かを作成させる時には「課題」として提示することもできる。ここでいう「課題」は，授業の「学習活動」と捉えるとよいと思う。元にするスライドやドキュメントの

ファイルを置いてそれを完成させたり，フォームを使ってアンケートなどを準備したりすることもできる。子どもたちの課題の提出状況が把握できる上，提出されたもののうち良い例を紹介することなどもできる。

Classroom での「クラス」は，学級という意味で捉えることができるが，教科・授業というまとまりとして使うこともできる。また，先生の方で子どもを登録すれば，少人数指導のクラスやクラブ活動など，学級内や学級の枠を超えたグループを作ることも可能である。

▶▶ Google フォームの活用

Google フォーム はアンケートを作成できる。学級活動などで，これまでは事前に先生がアンケートを採って集計し，資料を作成して授業のときに提示していただろう。1 人 1 台情報端末環境で Google フォーム を使えば，その場でアンケートに答えて

＊瞬時のグラフ化

はじめに活用したのが Google フォームです。これは教師が出題した問いに子どもたちが答えたものが瞬時にグラフ化されるという特徴があります。この特徴を使うと，授業の導入部分で前時までの学習内容の復習をし，クラス全体のレディネスを揃えたり，ふり返りの部分で本時の授業がしっかり全員理解できているか短時間で確認したりすることができます。これにより，一部の子どもだけでなく，誰一人取り残すことのない授業を進めることができました。これはどの教科でも使えます。

＊音声入力

＊コメントの書き込み

Google スライドで修学旅行のまとめをする時に，自分が作成したスライドに直接コメントができるという機能があります。それを使って，友だちが自分のスライドに感想やアドバイスを打ち込み，その助言をもとに一人一人が工夫して完成させることができました。

また，Google ドキュメントの音声入力を使って，外国語に時間に自分の発音のチェックをしました。英語の歌や英単語を毎時間記録することで，何気なく発音していた子どもたちが正しい発音を少しでもできるようにと目的をもって発音するようになりました。

もらうだけで，自動的に集計されてグラフも作成されるので，すぐに結果を見せることができる。

授業のふり返りにも使える。感想などを書かせることもできるし，西久保先生がされているように，本時の学習内容の確認を行うこともできる。Google フォームはアンケートだけでなく，テストを作成することができる。問題だけでなく，正答を設定しておけば，自動的に採点もできる。そこまで準備するかどうかは別だが，正答・誤答のそれぞれに応じた解説を表示することまでできる。そのテストは，授業後の個別指導に使ったり，西久保先生のように次の時間の導入に使ったりすることもできる。

▶▶ Google ドキュメントの活用

Google ドキュメント は文書作成のアプリである。メニューの [ツール] から [音声入力] を選ぶと，音声で入力することができる（Chromebook 以外の場合，マイクが使える端末で，Google Chrome ブラウザを使っている場合のみ）。日本語で話せば，漢字仮名交じり文で入力される。音声認識や日本語変換の精度が高くて驚く。

西久保先生は，外国語の時間にこれを活用している。音声入力で使う言語を英語に切り替えれば，話したことが英文で入力される。音声入力の時に出るマイクのアイコンの上の方にあるプルダウンメニューから「English（Canada）」を選んで，英単語を言ったり，英語の歌を歌ったりする（ALT から日本人の英語は「English（Canada）」が認識されやすいと思うとアドバイスされたとのこと）。

子どもは，自分が正しく発音できているかが可視化されるので，認識されれば喜び，認識されなければ手本をよく聞いて同じ発音ができるように努力する。また，先生はドキュメントをチェックすることで，子どもたち一人一人がどれぐらい発音できているかを把握することができるのである。（渡邉光浩）

棚橋学級のICTスキル

三井一希 ◉常葉大学教育学部・専任講師

棚橋学級では子どもたちがさまざまな ICT スキルを身につけてきた。子どもたちへの意識調査の結果をもとに，どのようなスキルを「できる」と考えているのかを時間の経過とともに見ていく。

❶ はじめに

Chromebook が導入され，日々の授業で活用する中で子どもたちはどのような ICT スキルを身につけたのだろうか。ここでは，子どもたちへの意識調査の結果をもとに考えていく。

今回の調査は，子どもたちが「できる」と捉えているかどうかを調べた主観的な評価であり，実際に操作ができたかを客観的に評価したものではない。しかし，Chromebook の導入により，子どもたちの ICT スキルへの認識に変容が生まれたことが示された。

❷ 調査方法

Chromebook の導入後 3 カ月目と 4 カ月目に調査を実施した。調査はそれぞれの質問項目に対して，「端末が来る前からできていた」，「使い始めてからできるようになった」，「まだできるようになっていない」，「質問の意味がわからない」から選択してもらうようにした。

調査項目は，端末の起動や終了，キーボード入力といった「基本的な操作」と Classroom，YouTube といった各アプリケーションのスキルについてであった。

❸ 調査結果からわかること

① 導入前からできたこと

数値が比較的高い項目として「基本的な操作」，「キーボード入力」が挙げられる。これらは 20％以上の児童が端末の導入前からできたと回答した。ただし，20％以上といっても 31 名中 5 〜 7 名程度である。棚橋学級の子どもたちの ICT スキルは，端末導入前は決して高かったわけではないことがわかる。

	豊田小（4年） n=31		
	導入前	3ヶ月後	4ヶ月後
スライド	16.4%	85.0%	100.0%
Jamboard	11.7%	83.5%	100.0%
タイマー	7.5%	50.5%	100.0%
Classroom	14.1%	83.1%	99.6%
Meet	8.9%	87.5%	99.6%
基本操作	24.9%	80.9%	99.0%
カレンダー	7.5%	66.7%	98.9%
YouTube	12.9%	25.8%	96.8%
ドキュメント	11.4%	63.0%	89.7%
スプレッドシート	8.3%	48.4%	89.7%
キーボード入力	22.2%	79.0%	85.9%
マップ	7.4%	36.9%	82.5%
Chrome	12.5%	55.2%	79.5%
Gメール	15.0%	71.0%	78.9%
フォーム	6.5%	56.3%	75.7%
カメラ	7.6%	37.5%	68.3%
ファイル	13.7%	69.4%	62.6%
全項目平均	12.3%	63.5%	88.6%

図1 ICT スキルに関する意識調査の結果
（データ提供：鹿児島女子短期大学 渡邊光浩）

② Chromebook 導入 3 カ月目の傾向

導入 3 カ月目を見ると，すべての項目で「できる」の数値が向上している。特に，「Classroom」，「スライド」，「Jamboard」といったアプリケーションは 80％以上の子どもたちが「できる」と回答した。これらのアプリケーションは授業中によく活用されていた。授業中の活用を通じて，子どもたちは操作スキルを身につけていったものと考えられる。一方で，授業中に活用していたにも関わらず，「できる」とまだ認識できない児童が一定数いることも示された。こうした児童には個別の支援を行うなどして，操作スキルによって学習内容の理解や学習活動に差が生じないようにしたい。

「YouTube」，「マップ」，「カメラ」は他の項目と比較して数値があまり高くない。これらのアプリケーションは授業中に活用する機会がなかったため，子どもたちも触れる機会が少なかった。ただ，自力でスキルを身につけた児童もおり，数値の向上は確認された。

③ Chromebook 導入 4 カ月目の傾向

導入 4 カ月目を見ると，「基本的な操作」はほぼすべての子どもが身につけた。また，「スライド」，「Jamboard」，「タイマー」といったアプリケーションは全員が「できる」と認識していた。他の「ドキュメント」，「スプレッドシート」といった授業中によく使うアプリケーションも 90％近くの児童が「できる」と認識していた。

導入前には「できる」と回答した割合が低くても，およそ 4 か月程度で基本的な操作や授業でよく使うアプリケーションについては，操作スキルを身につけ，「できる」と実感する児童が多いことが示された。

④ 子どもたちの ICT スキルを高めるために

棚橋学級の実践から，子どもたちが ICT スキルを身につけるためのポイントを以下にまとめる。

・導入前の ICT スキルは関係ない。使い続けることで子どもたちはスキルを身につけていく。

・多様なアプリケーションに触れさせる。多様なスキルを身につけることでできることが広がり，学習の幅も広がる。

・自由に触れられる環境をつくる。子どもたちは自分たちでさまざまな機能を見つけたり，学習したりする可能性がある。一定の条件のもとで，自由に触れさせる機会を確保したい。

子どもたちが身につけたスキルは学校教育に限らず，社会に出てからもずっと使える。スキルの差が問題解決能力に直結することもある。子どもたちには多くのスキルを身につけさせ，可能性を広げるようにしたい。

図 2　休み時間にプログラミングをする児童

GIGAスクール構想 "はじめの一歩"
～具体的な活用のイメージをもつ～

細山田 修 ●都城市教育委員会 指導主事

❶ 急速な ICT 環境整備に対する 期待と戸惑い

「まずは，何をどう始めればよいのか」

今回，GIGA スクール構想の実現による ICT 環境の加速度的な整備への期待とともに，授業での効果的な活用に向けて，教職員研修も含め，どのような準備が必要なのだろうか，という不安な思いがあった。学校現場でも同様で，学校訪問においても，GIGA スクール構想の実現に向けた期待と戸惑いの声を聞くことが多かった。

特に，導入初期において，どのような指導が必要か，授業でどのように活用するのか。他の自治体の先行事例があるとはいえ，いわゆる，"はじめの一歩" をどう踏み出すかが大きな課題であった。

❷ 授業での「具体的な 活用イメージ」をもつ

今回，都城市立南小学校の西久保教諭の学級での取組みは，まさに，本市に必要な検証となった。端末導入から 3 カ月後，子どもたちは当たり前のように端末を使いこなし，学習に活用していた。外国語科の授業では，「Google フォーム」による小テストや，自分の発音を確かめるための音声入力機能など，教育クラウドをうまく活用していた。なにより，鉛筆やノートと同じような「文房具」の一つとして端末を扱う子どもたちの姿に，たいへん驚いた。

この授業を，校長会や情報教育担当者研修で紹介したところ，たいへん好評であった。GIGA スクール構想の実現に向けた "はじめの一歩" として，今，最も必要なことの一つは，教育委員会がこのような「具体的な活用のイメージ」を示すことである。

先生方の「もっとわかりやすい授業をしたい」という思いと，ICT 機器の機能とを上手くマッチングさせる方法を知ることができ，教師でなければできないことと ICT 機器のベストマッチが実現し，子どもたちにとって，「わかった」「できた」授業が日々積み重ねられていくはずである。

また，端末の取り扱いに関する指導やトラブルへの対応，キーボード入力のスキルアップ等の必要性も改めて把握することができた。さらに，1 月の臨時休業期間中には，端末を持ち帰らせ，「オンライン授業」を行った。家庭の通信環境等，本格実施に向けて，まだまだ解決すべき課題はあるが，本市にとって，貴重な実践である。

❸ 教職員研修の充実

本市は，GIGA スクール構想の実現に向けて，ICT 機器活用に関する教職員の研修体系を新たに構築する。今回の検証を本市の教育研究所での検証につなげるなど，GIGA スクール構想の実現に向けた "はじめの一歩" の取組みとして活用していきたい。

操作スキルを
アップグレード

　３カ月間も活用していると，子どもたちのパソコン操作に対する飲み込みも早くなってきました。例えば，自分でどの思考ツールを使うか選択し，スライドに画像を貼り付けて主体的に学習を進めるようになりました。

　パソコンが教室に入る前は，どうしても教師が資料の配布や学習の流れの指示を行わなければなりませんでした。しかし，パソコンが教室に入ってからは，子どもたちが自ら学習手段を選んだり，学習計画を立てたりできるようになりました。また，インターネット検索もできるので，わからないことがあればすぐに調べはじめます。このように，教師主導の授業から，子どもたち主体の授業になっていきました。私は，このような子どもたちの変化にはこれまでの指導の積み重ねが関係していると思います。

　この３カ月間でタイピング，アプリの活用，思考ツールの活用，ショートカットキーの使用など，様々な操作を反復して行ってきました。そうすることで子どもたちは意識しなくてもパソコンを操作できるようになり，自分たちで主体的に使いはじめたのだと思います。

　このような変化が起こりはじめると，ますます授業が充実していきました。４カ月目はこれまで習得した操作スキルをさらに向上させることと，スプレッドシートによる表計算やグラフ化機能も教えていくことにしました。学習の幅を広げることで，子どもたちがこれまで以上に楽しく学習に取り組めるようにしていこうと思いました。
（棚橋俊介）

情報モラルの育成

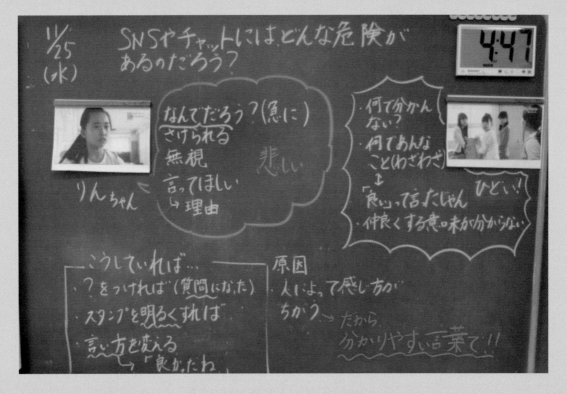

情報モラル授業を行い、情報の発信の仕方について考えた。

普段のチャット内の会話を紹介し、自分たちのチャット機能の使い方をふり返らせた。

子どもはわかっている

NHK for School の「スマホ・リアル・ストーリー」の動画を視聴して，どうすればトラブルが発生しなかったのかキャンディーチャートを活用して考えた。

ほとんどの子どもたちは，SNS 上の危険を認識しており，「画像や個人のデータを他の人に送るときは，本人に確認を取る必要がある」「インターネットでは個人のデータが流出する恐れがあるから，よく考えてから発信する」「人のデータを勝手に加工してはならない」などの意見が出てきた。

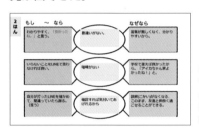

キャンディーチャートを使うと問題点と改善点が浮かび上がってくる

自分たちの使い方に驚く

動画について話し合いをした後に，自分たちのチャット機能の使い方についてふり返った。

教師が，子どもたちのチャットの会話で気になるものを紹介し，トラブルの原因と改善点について話し合った（チャットの写真は名前を消して個人を特定できないようにし，あらかじめ本人の了承を得るなど配慮した）。

チャットの写真を提示すると，「怖い」「本当にこれ，クラスで起こってるの？」など，驚きの声が上がった。子どもたちは一般的な SNS の注意点は知っていても，自分たちのことになる

と意識ができていないことがわかった。

このような実際のデータを扱うことで，子どもたちはトラブルを自分事として捉えて考えていた。

実際のチャットのやり取りを提示した

壁紙の活用で継続的に指導

授業で学んだことを継続的に指導していくために，Chromebook 上の壁紙設定を活用した。

授業でチャット機能の使い方を話し合ったときに，教師がクラスのルールをスライドにまとめた。このスライドを子どもたちに共有し，子どもたちはスライドのスクリーンショットを撮り，壁紙に設定した。

壁紙設定ができる場所は 2 箇所あり，デスクトップ画面と Google の検索画面がある。子どもたちにはよく目にする方の壁紙に設定するように指示した。何気ないときに目にすることができるため，教師が言わなくても継続的に指導ができるようになった。

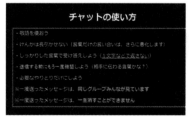

このようなスライドを何種類か作っておけば，学習や生活指導など様々な場面で活用できる

身近な事例を使った情報モラル教育

これまでの情報モラル教育は，動画や資料で扱われている事例をもとに学習を行ってきた。この場合，自分たちとはどこかかけ離れた感じがしていた。身近に情報端末がなかったので無理もない。しかし，今後は全員が 1 人 1 台の端末を持っている。クラスで実際に起きた問題を事例に情報モラル教育を行うことが可能となる。子どもたちはより身近なこととして認識できるだろう。情報端末を扱っていく上で，モラル面の指導は不可欠となっている。（三井一希）

キーボードの入力スキルをさらに伸ばす

	A	B	C	D	E	F	G	H	I	J	K	L	M	N	O	P	Q	R	S
1	週	1	2	3	4	5	6	7	8	9	10	11	12	13	14	15	16	17	18
2	日にち	8/31〜9/4	9/7〜9/11	9/14〜9/18	9/23〜9/25	9/28〜10/2	10/5〜10/9	10/12〜10/16	10/19〜10/23	10/26〜10/30	11/2〜11/6	11/9〜11/13	11/16〜11/20	11/24〜11/27	11/30〜12/4	12/7〜12/11	12/14〜12/18	12/21〜12/25	
3	30級〜24級	6	2	0	0	0	0	0	0	0	0	0	0	0	0				
4	23級〜22級	7	4	3	2	1	1	1	1	1	1	1	1	1	1				
5	21級〜18級	7	8	5	4	0	0	0	0	0	0	0	0	0	0				
6	17級〜14級	10	11	7	4	6	3	2	1	1	0	0	0	0	0				
7	13級〜9級	2	6	12	14	11	9	6	3	3	3	3	2	0	0				
8	8級〜6級	0	1	4	6	6	5	6	5	4	2	1	2	3	0				
9	5級〜1級	0	0	1	2	8	13	15	18	17	18	16	14	7	8				
10	初段	0	0	0	0	0	0	1	0	2	4	5	6	10	4				
11	名誉島民	0	0	0	0	0	1	1	4	4	4	6	7	11	19				

ローマ字テスト結果（107点満点）

	A	B	C	D	E	F	G	H	I	J	K	L	M	N	O	P	Q	R	S
15		1	2	3	4	5	6	7	8	9	10	11	12	13	14	15	16	17	18
16	実施日	8/31	e-typing	9/14	e-typing	9/28	e-typing	10/12	e-typing	11/2	e-typing	11/16	e-typing	11/30	e-typing		e-typing		e-typing

キーボード入力の速さをさらに上げるために、タッチタイプの仕方を学習した。これまで停滞していた「キーボー島アドベンチャー」の級が大きく変化した。

タイピングの爆速化を目指す

子どもたちのタイピングスピードの向上を目指して，タッチタイプ（手元を見ないでタイピングすること）の指導を行った。

この頃になると，子どもたちは授業でほとんど困ることなく，自分の考えや情報を打ち込むことができていた。しかし，タッチタイプによってタイピングスピードが加速すれば，学習効率もさらに向上すると考えた。

指導はYouTube先生におまかせ！

教師もタッチタイプはできない。そこでYouTubeの練習動画を視聴させた（https://www.youtube.com/watch?v=gNsy24AgVX8）。

動画の中では，どのような段階を踏んだらよいかわかりやすく説明されており，練習方法も紹介されている。子どもたちは動画を見ることで指の置き方（ホームポジションという）を知ったり，動画を見ながら練習したりした。

教師がやって見せることができなくても，YouTubeを視聴させればスキルアップできる

大切なことは
1 ホームポジションでタイピング
2 キーボードを見ないでキーを打つように意識する
3 「あいうえお」から，ブラインドタッチを練習
→どこにどのキーがあるのか体に覚えさせる

YouTubeでの学びをスライドで提示し，意識づけを行った

負担の軽い宿題を出し，定着を図る

学校の中ではタイピングを練習できる時間は限られてしまうため，宿題でもタイピング練習をするようにした。

家にパソコンがない家庭もあると考えられるため，キーボードの画像を印刷して配布し，それを使って練習させた。

課題は「ホームポジションで〈あ行〉を打てるようにする」というように，子どもたちへの負担をできるだけ軽くするようにした。

子どもたちを刺激させ，活性化させる

タイピングスキルを習得するためには時間がかかるため，諦めてしまう子どもが多い（私自身も現状で満足してしまっている）。

そこで，諦めずに継続して練習を行うために，教室のTVモニターに進捗状況を提示した。これを見ることでクラスでの自分の位置がわかるため，子どもたちは，上位になれるように練習に取り組んだ。

できるようになってきた子どもたちには，さらなる課題を

キーボードを見ないで打ち込むことができるようになってきた子どもたちには，「本を見ながらタッチタイプをしてみよう」と課題を出した。

進捗状況を「見える化」し，スキルのさらなる向上を目指した

子どもたちは「やりたい！」と興味を示し，意欲的に取り組んだ。このように，子どもたちの実態に応じて課題のレベルを調整していくようにした。

ここがポイント

文字入力の速度を上げる

キーボードを使った文字入力の速度が上がることで学習も進む。逆に文字入力の速度が遅いと学習も思ったように進まない。それだけ文字入力の速度を上げることは大切である。先生がタッチタイプを指導できない場合は，棚橋先生のようにYouTube動画を提示すればよい。YouTube上には良質なコンテンツがたくさんある。先生は子どもたちの練習環境をつくったり，練習のモチベーションが上がる工夫を行ったりすればよいのである。（三井一希）

スプレッドシートを使った
ワークシートづくり

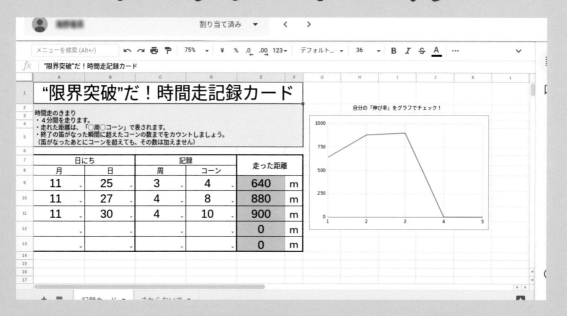

スプレッドシートの機能を活用して、時間走のワークシートを作成した。

子どもたちはこれまでの成果を可視化できるようになり、記録更新に向けてさらに意欲的に取り組むようになった。

記録用紙のデジタル化

読書量や毎日の体温測定，家庭学習に取り組んだ時間など，学校生活の中では記録を取る場面がたくさんある。しかし，これらの活動は紙面の表に書き込むことが多く，子どもたちは数値の変化やこれまでの成果を可視化することができなかった。

そこで，スプレッドシートの機能を使って可視化させるこを目的とし，その第1弾として時間走のワークシートを作成した。

表計算で計算ミスゼロへ

本校では時間走の記録を取る際に，コーンを等間隔に置いている。子どもたちは運動場を何周と何コーン走ったか記録し，計算式に当てはめてることで走った距離を導き出す。しかし，計算が苦手な子どもや計算の仕組みがわからない子どもが間違うこともあるため，表計算機能を活用した。

あらかじめ指定したセルに数式を打ち込んでおくことで，子どもたちは計算することなく，記録を知ることができるようになった。また，アプリが計算するので子どもたちが間違うことはなくなった。

グラフ化機能で可視化する

スプレッドシートにはグラフ化機能があり，表を作成すれば棒グラフや折れ線グラフなど，自分の好きなグラフを作成することができる。

時間走のワークシートでは記録の変化を見るため，折れ線グラフを選択した。あらかじめグラフを作っておくと，数値を入力すれば自動でグラフに記録がプロットされる。

このようにして，これまでの成果を可視化させることができた。子どもたちはグラフを見ることで，さらに記録を更新させたいと意欲的になった。目標を明確にしたことで，最後まであきらめずに走る姿が見られた。

グラフの設定画面

	記録		走った距離	
	周	コーン		
			0	m
			0	m
			0	m
			0	m
			0	m

簡単な数式を打ち込むだけで自動計算してくれる

■ Google スプレッドシート
（小4体育「時間走記録カード」）

時間走の結果を打ち込むと，総合距離が計算されたりグラフも作成されたりするので，次回への意欲向上につなげられる。

ここがポイント

表計算アプリのよさを体感

表計算アプリであるスプレッドシートは，ドキュメントやスライドに比べて普段の学習の中での使い方のアイディアが出にくいかもしれない。しかし，デジタルなら記録に残しておくのは簡単で，計算式を準備しておけば，ミスも防ぐことができる。可視化も簡単にできるという表計算アプリのよさを体感する経験を重ねることで，子どもたちも「自分たちで使ってみよう」と思うようになるのではないだろうか。（渡邉光浩）

Classroom の課題機能

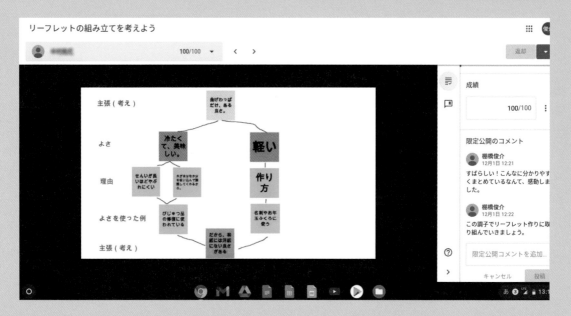

国語のリーフレットづくりの場面で
Classroom の課題機能を活用した。
子どもたちが成果物を提出し、教師が
コメントして返却することで、子どもた
ち全員の学習状況を見取ることができ
た。

Classroom は課題を配布するだけではない!

これまで Classroom は課題提示や資料配布のために使っていた。しかし,機能はそれだけではない。子どもたちが配布された課題に取り組んで教師に提出したり,教師が成果物にコメントしたりすることができる。その他にも,提出物に点数を付けることもできる。

これらの機能を使って,Classroom の活用をレベルアップさせた。

課題を提出させて全員の学習状況を把握

国語のリーフレットづくりでは,多くの子どもたちが文の組み立てを考えることに苦手意識をもっていた。そこで,文の構成を考えた段階で一度教師にデータを提出させ,学習状況を確認した。

Classroom では提出状況を確認することができる

コメントのやり取りで自信をもたせる

子どもたちのデータを確認する際,コメント機能と点数入力を活用した。

指導した通りに文章を構成できた場合には「よくできたね,次に進みましょう。」などの励ましのコメントをし,100 点を入力して子どもに返却した。教師から合格をもらった子どもはリーフレットづくりに進んだ。

一方,上手く組み立てができていない子どもには「もっと詳しい例を書こう。」「順番を変えよう。」などアドバイスを送り,学習の見通しをもたせた。

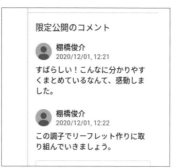

子どもたちに送ったコメント

教室は小さなオフィス

教師が子どもと Classroom でやり取りをしている際,他の子どもたちは個人でインターネットを使って調べ学習を進めたり,画像を集めたりしていた。

学習の進め方がわからなければチャット機能で友だちと一緒に学習を進めたり,合格した友だちにデータを共有してもらって参考にしたりしている子どももいた。

教室内で様々な活動が入り混じり,学習を進めていく様子は,まさに小さなオフィスのようだった。

ここがポイント

きめ細かな指導と効率的な学習

このリーフレットづくりで,先生が構成メモや下書きのそれぞれに赤ペンでチェックやコメントをするのはかなり手間がかかる。しかもそれを子どもが並んで待つとしたら…。Classroom を使えばチェックやコメントを簡単に行うことができ,子どもも並んで待つ必要がない。チェックを受けた子が清書するときもデジタルなら修正が容易である。Classroom を使うと,きめ細かな指導を行いつつ,効率的に学習を進められる。(渡邉光浩)

子どもたち自ら表計算

子どもたちにスプレッドシートの表計算
の方法を教えた。

表計算で作った式を、算数のかけ算のき
まりを見つける場面で活用した。

めあてに焦点化させるための ツールとして

算数のかけ算のきまりを考える場面で，スプレッドシートを活用した。

まず，かけ算のきまりを見つけるためにはたくさんの式を作ることが必要だった。ここでは答えを出す計算力に重点を置くのではなく，あくまでも式と式の関係を見ていくことに焦点が当てられていた。そこで，数値を打ち込むだけで自動的に計算される表を作成し，その表をもとにかけ算のきまりを探していくことにした。

子どもたちに計算式を 打ち込ませてみる

はじめに，計算式が入力されていないシートを配布した。これまでに教師が作成したワークシートで表計算機能があることを知っていたため，子どもたちからは「ワークシートに表計算機能を追加したい」との声が上がった。そのような発言から，子どもたちに計算式を打ち込ませることにした。

今回子どもたちに計算式を打ち込ませたのは，式がとても簡単だったからだ。答えのセルの中に「＝（セル1）＊（セル2）」のようなかけ算の式を入力するだけでよいため，子どもたちでも簡単に打ち込むことができる。

このような体験をきっかけに，表計算の仕組みを知り，他にも活用してみたいと興味をもたせることが目的だった。

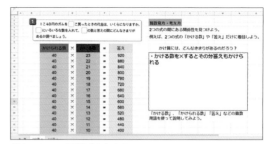

黄色のセルに計算式を打ち込み，
ワークシートを完成させた

■ Google スプレッドシート

（表計算で自動計算）（小4算数「かけ算やわり算のきまりを見つけよう」）

「かける数」か「かけられる数」のどちらかを同じ数で固定し，もう一方の数をランダムに入力すると，児童で答えが計算される。作った式の中にはどのようなきまりが隠れているのか話し合う。

今後の活用に期待

今回は子どもたちに表計算の仕組みを教えた。今後さらに，グラフ化機能も教えることで係活動や授業などの様々な場面で活用が期待される。

例えば，提出物管理（本学級では宿題係が行っている）が挙げられる。忘れ物（あるいは提出物の数）の合計を表計算し，毎日の推移をグラフにして教室に掲示すれば，忘れ物をなくす意識を高めることができる。

このように，スプレッドシートの機能を活用していけば，子どもたちの活動は効率的になり，生活は豊かになる。

今後はグラフ化機能も教えて，活用場面を子どもたちに考えさせていきたい。

ここが
ポイント

関数やグラフで便利さを実感させる

計算自体に焦点を当てていない学習では，スプレッドシート上の関数を使うことで計算を効率的に行うことができる。数値を変更するたびに答えも変わっていくため，シミュレーションが行いやすい。また，グラフ機能を使うことで身の回りの数値を容易にグラフ化できる。これらは手書きで計算したり，グラフをかいてきたりした経験があるからこそ，便利さを実感しやすい。便利さを実感すれば，子どもたちは様々な場面に応用したくなるだろう。（三井一希）

小テストの作成

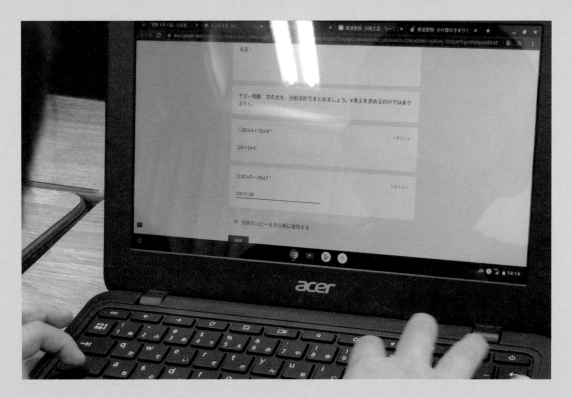

算数のふり返りの場面で、Googleフォームで小テストを作成して実施した。

フォームの小テストは、解答してその場で結果や正答を見られるため、自身の定着度をすぐにふり返ることができるとわかった。

テンプレートから作る

算数の授業で学習の定着を評価するために，フォームで小テストを作成した。小テストを作成するには，フォームのトップページにある「評価テスト」のテンプレートを使用すると便利だった。

「評価テスト」は，これまで使ってきたフォームにテスト機能（採点と正答・解説の表示）が追加されているだけなので，簡単に編集することができる。

これまでと同様に「出席番号」「名前」「ふり返り」の欄を作成した後，問題を作成した。問題は質問欄に式を打ち込むだけだった。

「評価テスト」のテンプレート

質問欄に記入した問題

出題方法や指示の工夫

フォームでは，解答した答えと教師が登録した正答が一致すれば正解と判断される。即ち計算過程は評価されることはないため，計算機を使ってしまえば正解できてしまう。

そのため，筆算などの計算過程は必ずノートに書き込ませるようにした。また，答えではなく，計算過程の途中式を答えさせるなど，解答方法を工夫した。

その場でフィードバック

「評価テスト」では，問題作成時に正答も登録しておくと，子どもたちは解答後すぐに子どもたち自身で正誤判定と正答を確認できる。間違えた問題をもう一度解き直したり，なぜ間違えたか考えたりして，子どもたちは学習内容をもう一度見直していた。

さらに，配点も決められるため，成績をつける場面でも便利だ。子どもたちの解答結果はスプレッドシートに出力し，記録に残した。

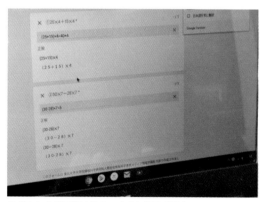

子どもたちが回答すると，すぐに判定が出た

ここが
ポイント

評価テストへのひと工夫

Google フォームを使って評価テストを実施すると，子どもたちは提出後すぐに採点結果を得ることができる。また，教師にとっては採点の手間が省けるなどの利点がある。しかし，最終的な答えだけを求めると，計算機の使用や友だちに答えだけ聞くような事態も想定される。そこで，棚橋先生のように，途中式は必ずノートに書かせる，最終的な答えのみではなく，途中式も解答させるなどのひと工夫で，より効果的な評価テストにできる。（三井一希）

モバイル ディスプレイ革命①

実験・観察カードのデジタル化

問題	水を温めたり冷やしたりすると、体積はどうなるのだろう？
予想	
実験方法	試験管の口までぬるい水を入れ、お湯と水の中につける。水面の様子が変化するかどうか観察する。

	温める	はじめ	冷やす
実験結果			

理科で使う実験・観察カードをスライドで作成した。

カードを記入後ポートフォリオに追加することで、学習のふり返りがこれまで以上にしやすくなった。

ポートフォリオの工夫で，学習のふり返りが詳しくなった

理科で使用する実験・観察カードをスライドで作成し，子どもたちに配布するようにした。

カードは学習問題から実験結果までの学習過程を書き込めるようにした。このような実験の詳細を記した記録をポートフォリオに追加することで，子どもたちは学習をより詳しくふり返ることができるようになった。

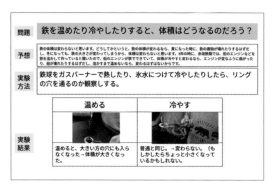

ポートフォリオの中に記録を残すことで
鮮明に思い起こすことができる

■ Google スライド
（小4理科　観察カード「実験結果の差」）

作成した観察・実験カードはデジタルポートフォリオとして保存する。実験結果などの写真を貼り付けると実験の様子をふり返ることができる。

写真だからこそ鮮明に思い起こせる！

理科では観察結果や実験結果がより正確に記録されていなければならない。

そこで活用できるのが Chromebook のカメラ機能だ。Chromebook にはカメラが内蔵されているため，カメラ機能を使って写真を撮影した。

この時は，ものの体積変化を確かめる場面で活用した。

実験装置の鉄球は，そのままではリングを通ることができるが，熱すると体積が大きくなるのでリングを通らなくなる。しかし，すぐに冷めてしまうため，その結果を見ることができるのは一瞬だ。そこで，実験結果が出たときにすぐに記録に残すためにカメラ機能を使った。

写真はトリミングで必要な部分だけ切り取り，実験結果の表に貼り付けた。

実験結果が出ると，その場で記録することができる

分担して作業

子どもたちの安全を考慮し，実験中はグループで1人のみが Chromebook を出してよいこととした。

これにより，グループの中で実験を行う子どもと記録を取る子どもに分担ができた。

これまでは実験に夢中になって記録を忘れることが何度かあったが，実験結果が出た瞬間を記録しようとする意識も芽生えたため，記録忘れがなくなった。

ここが
ポイント

デジタル ポートフォリオの効果

子どもは学校での授業や活動などでの学びを積み上げていくことで情報が蓄積され，どんな学びに取り組んでいたかをふり返り，今後どのような学び・成果につなげていくか，参考にしながら将来の目標設定に役立てることができる。教師は蓄積された子どもの情報を閲覧し，一人一人の学びをサポートすることができる。面談前や年度末等に，子どもとともに内容を確認してふり返ることで，継続的な「主体的な学び」に向けて，指導に役立てることができる。（佐藤和紀）

モバイル ディスプレイの導入による，学習パターンの定着

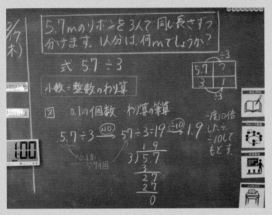
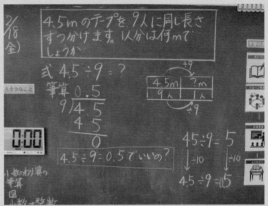

1グループに1台ずつ、モバイル ディス
プレイを導入した。

これを発表に活用することによって学習
パターンが固定化され、子どもたちはこ
れまで以上に見通しをもって学習に取り
組むようになった。

モバイル ディスプレイ？

　1グループに1台ずつのモバイル ディスプレイ（15.6インチ，電源は必要なく，USB 接続すれば映すことができる）を導入した。モバイル ディスプレイは，Chromebook とつなげるとデスクトップ上に表示された画面を大きく表示できる。

　大きな画面に映すと子どもたちの視線は集中するため，話し手の説明をよく聞くことができる。しかし，これまでは TV モニターや電子黒板につなげる必要があった。

　モバイル ディスプレイの導入により子どもたちの話し合いの様子も変わってくることが期待された。

説明しやすい！見やすい！

　モバイル ディスプレイが導入されてよかったことは，友だちの画面が見やすくなったことだ。もちろん大きな画面サイズも理由の1つだが，話し手が説明しながら自分のディスプレイを触らなくてよいことが挙げられる。

　これまで子どもたちは，自分のパソコン画面を相手に見せ，指差しながら説明していた。しかし，モバイル ディスプレイ導入後は，話し手が操作している画面を，モバイル ディスプレイを介して見ることができるようになった。そのため，聞き手は集中して話を聞くことができた。

　また，グループでの話し合いが活発に行われるようになった。子どもたちは「自分の考えをディスプレイに映したい，説明したい」と強く思うようになり，積極的に話し合い活動を進め

るようになった。教師が指導していないのに，スライドにアニメーションを付けてわかりやすくまとめる子どももおり，プレゼン能力が向上していった。

まるでオフィスで会議をしているよう

子どもたち主体の授業

　モバイル ディスプレイの導入により，学習の流れが固定化された。

　子どもたちはディスプレイを使ってグループ発表をすることを必要としたため，「①教師による課題提示→②個人の考えづくり→③グループ発表→④全体発表→⑤ふり返り」という流れが定着した。

　はじめは教師が順番ごとにタイマーを設定していた。しかし，慣れてくると自分たちでグループ発表を始めたり，全体発表をし始めたりすることができるようになった。

　これまで以上に子どもたち主体の授業へと変化していった。

自分で時間をセットして発表を始める

ここが
ポイント

学習のパターン

授業を構成する要素には「内容」と「方法」がある。内容は常に変わるものであるが，方法まで変わると，その都度，両方習得しなければならず，負荷がかかる。と同時に教員も指示や説明が増えてしまう。子どもたちは新たな方法で取り組むため，内容が頭に入っていきづらくなる。もちろん新しい方法も覚えていかなければならないが，目的に対しどの方法，どのパターンで取り組めばいいかを習得し，理解しておくことで，方法に負荷がかからず，新しい内容に挑戦しやすくなる。（佐藤和紀）

Chromebook は学級経営とともに

> これからの子どもたちは情報化社会で生きていくことになります。自分はこの便利なツールをどのように活用していくのか，教師が教えるだけではなく，ルールを自分たちで考えさせたり，守ることの大切さに気づかせるように導いたりすることも教師の役割ではないかと思います。（西久保真弥）

＊キーボード練習

新たなことにもチャレンジしてきましたが，使いはじめの頃から継続してきたものもあります。それはキーボード練習です。それまでパソコンを日常的に使うことはなかったので，使いはじめはローマ字表を見ながら打っていた子どももいました。

そこで Chromebook に触れる時間を多く取らせ，空いている時間を見つけて毎日のように練習を重ねました。すると一カ月程度でローマ字表を見なくても打てるようになりました。

その結果クラス全体の日本語入力のスピードは上がり，今では，教師よりも早く打てる子どももいます。「入力に時間がかかってしまい学習がうまく進められない」と戸惑う時期もありましたが，毎日の積み重ねにより，心配していた気持ちはいつの間にかなくなっていました。

この時期に家庭への持ち帰りも始めました。子どもたちは係活動の話し合いを行ったり，明日の予定を確認したりしていました。話し合いの時間が取れることで，次の日から活発な係活動になっている姿を見かけるように。なかなか時間が取れない時にはこのような活用方法もあります。

＊話し合いに

▶▶ 持ち帰りがスタート

学校での活用の様子を見ながら，このタイミングで Chromebook の持ち帰りがスタートした。

この実践で使われている Chromebook は，1人1台環境で活用するにあたって，GIGA スクール構想前の学校でのネット回線に負担をかけないように，高速の携帯通信規格である LTE でネットに接続している。ただし LTE だからといって，何でもできるわけではなく，Google Workspace for Education の管理機能を使って，例えば学級以外の人とチャットはできないなど，機能に制限がかかっている。また，子どもたちがどのような操作を行ったかということは記録として残るようになっている。

西久保先生は，子どもたちに最初からこれらのことを伝えた上で，「学習の道具として使う」という意識をもたせるような指導をしてきた。その意識をもって子どもたちは，持ち帰った Chromebook で，自主学習での調べ学習や日本語入力の練習，係活動の打ち合わせなどの学級内の連絡を行っていた。

▶▶ 子どもにルールを考えさせる

「学習の道具」という意識はもたせていても，いつでも自分の情報端末が使えるとなれば「ついやってしまう」というのが子どもの実態。だからといって，西久保先生は最初から「これをやったらだめ」と多くのことを禁止するようなことはしなかった。

最初の頃は，関係ないことを書き込んだり，授業が始まっても休み時間に見ていたページを開いたままにしたりということがあった。西久保先生はその都度，個人や全体に，やってよいことなのか，どうすればよいのか子どもたちに考えさせていた。

持ち帰りを始めたその日も，チャットに面白半分で書き込みをする子や決められた時間を過ぎてもやり取りをする子がいた。西久保先生は，そのやり取りを黙って見守っていたそうである。次の日，その

チャットルームの決まり
- 先生を必ずグループに入れる。
- 悪口は絶対に書かない。
- 敬語を使う。（トラブルにならないため。）
- 文末を考えて打つ。
- 記号も上手に使う。
- 遊びに使わない（学習のためだから）
- 相手がど〜〜〜
信する。

＊自主的なルールを

使っていく途中で，必ずトラブルも起こります。その時には，一旦立ち止まりクラス全体で考える時間も大切にしてきました。

CHECK!
☑

臨時休業期間中に遠隔授業もやってみました。教室での授業にはかないませんが，子どもたちの表情を見ながら話せることは，急きょ休みになり不安であろう子どもたちにとっても，私たち教師にとっても大変貴重な経験となりました。休業明けに学校に来た子どもたちから「家にずっといたけど，先生やみんなの顔を見ることができて安心しました」という声が多々聞かれました。

学習面だけでなく子どもたちの気持ちをサポートする面でもとても効果的だと感じます。声が届くまでに若干のタイムロスは生まれますが，このような状況下でも小さなホワイトボードを使ってノートを取らせたり，挙手をさせたりしながら子ども一人一人の進み具合を確かめながら学習したことは有意義な時間でした。

＊遠隔授業に挑戦

やり取りについて子どもたちに投げかけ，持ち帰った時のやり取りで気をつけることは何か話し合わせた上で，それは授業の時に協働学習を行う時にもいえることだという話をしていた。

6年生ともなれば，「ついやってしまう」ということがあっても，どうすればよいかについて，大抵のことは自分たちで考えることができる。たくさんのルールを決めて禁止するより，自分たちが起こした問題を解決するルールを考えさせた方が，それを守ろうとするのではないだろうか。

▶▶ 遠隔授業

都城市で小・中学校が臨時休業になった時期があった。西久保先生のクラスには1人1台のChromebookがあるので，教育委員会の許可を得た上で，オンライン授業を試行することになった。

とはいえ，臨時休業に向けて準備していたわけではなかった。西久保先生はビデオ会議アプリのGoogle Meet を使ったことはあったものの，オンライン授業の経験はなく，子どもたちに至ってはGoogle Meet を操作したこともなかった。そこで，まずは Google Meet でのやり取りに慣れるため，オンライン朝の会からはじめることに。最初はスプレッドシートに出欠と体温を書き込み，次にチャットで Google Meet の使い方を説明し，その場で接続を行った。

使いはじめて3日目のオンライン授業では，先生も子どもたちも Google Meet の操作に戸惑う様子は見られなかった。先生が何かを見せる時には小型のホワイトボードを使ったり，子どもたちに反応を求めたりと，すっかりオンライン授業に慣れているようだった。

Google Meet の操作が簡単だというのもあると思うが，すぐにオンライン授業をやってみようとした西久保先生のチャレンジ精神と，先生と子どもたちの柔軟な対応に驚くばかりだった。（渡邉光浩）

棚橋学級に何が起こったか
（端末活用時間、学級経営、情報モラル）

三井一希 ●常葉大学教育学部・専任講師＋三井研究室（南條優，内田佳途，手塚和佳奈）

棚橋学級に Chromebook が導入されたことで何が起こったのか。どのような指導が，いつ頃行われたのか。4 カ月間の授業映像の分析やヒアリング調査などのデータをもとに明らかにしていく。

❶ Chromebook の活用時間の推移

　Chromebook が授業に入ってくると，教師や子どもたちはどのくらいの時間，端末を操作しているのだろうか。また，活用する時間はどのように推移していくのだろうか。

　棚橋学級において，国語，算数，理科，社会の授業映像を 4 カ月間分析し，授業者（教師）と学習者（子どもたち）が Chromebook を活用する時間の平均を示したものが図 1 である。

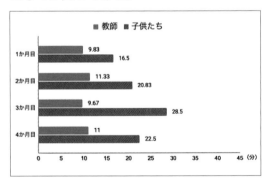

図1　教師と子どもたちが端末を活用する時間の推移

① 教師と子どもたちの活用時間の比較

　どの月においても教師より子どもたちの活用時間が長いことが見てとれた。GIGA スクール構想に伴い整備された Chromebook は，教師の教える道具としての ICT ではな

く，子どもたちの学ぶ道具としての ICT である。だからこそ，棚橋学級のように教師より子どもたちがたくさん活用する時間を確保することが望ましい。

② 教師の活用時間の推移

　教師の活用時間は 4 カ月間を通して大きな変化は見られなかった。平均すると 45 分授業のうち 10 分程度（20% 程度）の時間において教師が Chromebook を活用していることがデータで示された。残りの時間は，指示発問をしたり，板書をしたり，個別の支援を行ったりしていた。

③ 子どもたちの活用時間の推移

　子どもたちの活用時間は 1 カ月目より 2，3，4 カ月目の方が多くなっている。これは子どもたちが Chromebook の活用に慣れ，できることが増えていったためである。平均すると 45 分授業のうち 20 分程度（45% 程度）の時間において子どもたちが Chromebook を活用していることがデータで示された。Chromebook が導入されたからといって 45 分間すべて活用しているわけではない。ノートに書く時間，教師や友だちの話を聞く時間などもこれまでどおり見られた。

（三井一希）

❷ 授業中における Chromebook の活用頻度の割合

　教師や子どもたちは，Chromebook を授業中のどのタイミングで操作しているのだろうか。

　棚橋学級において，教師と子どもたちが授業中のどのタイミングで Chromebook を活用しているかをグラフで示したものが図2，図3である。45分の授業を5分毎に区切り，その区切りの一部でも Chromebook を操作していればカウントした。そのため，割合が高いからといってその5分間全てで活用しているわけではない。

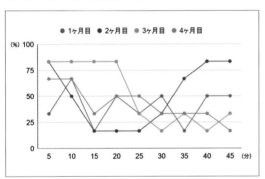

図2　教師が授業中に端末を活用する頻度の推移

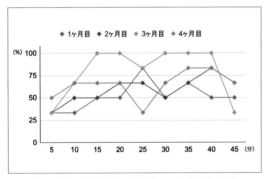

図3　子どもたちが授業中に端末を活用する頻度の推移

① 教師と子どもたちの活用頻度の比較

　どの月においても教師は，授業の冒頭10分で活用している割合が高い。これは，教師が冒頭で学習のめあてや学習問題を提示するため，活用の割合が高くなっているか

らである。一方で，子どもたちは授業の最後10分で活用している割合が高い。これは，子どもたちが授業のふり返りを書く際に，Chromebook を活用しているためである。

② 教師の活用頻度の推移

　授業最後10分の教師の活用頻度の割合を見ると，1，2カ月目よりも3，4カ月目の方が低くなっている。これは，1，2カ月目では授業のふり返りを教師が代表してまとめていたが，子どもたちも Chromebook の活用に慣れ，自分たちでまとめるようになったためである。活用頻度が低い時間に，教師は机間指導や板書などを行っていた。

③ 子どもたちの活用頻度の推移

　子どもたちの活用頻度の割合は4カ月間を通して大きな変化が見られなかった。授業の冒頭10分では，活用頻度の割合が低いが，その後少しずつ高くなっていることがデータからわかる。授業映像から，Chromebook を活用している時は，個人で操作していたり，班で話し合いながら操作していたりと多様な活用の姿がみられた。

（南條　優）

❸ Chromebook が入ってきてから必要となった学習規律

　Chromebook が授業に入ってくると，学級ではどのような学習規律が必要となるのだろうか。

　棚橋先生に1カ月間で計4回のヒアリング調査を行い，教師と子どもたちが Chromebook を活用する授業において定着が図られた学習規律を整理したものが図4，図5である。

① 定着が図られた学習規律の対象場面

　それぞれの学習規律はどのような意図があって定着が図られたのだろうか。ヒアリ

学習規律の定着を図った期間

	1週目							2週目						
1	2	3	4	5	6	7	8	9	10	11	12	13	14
情報端末の管理に関する学習規律													
情報端末の保管場所を指定する													
朝8時までにログインを済ませる													
情報端末の置く位置を指定する													
授業開始前に情報端末を開いておく													
							情報端末を活用する授業に関する学習規律						
							友達の発表中は情報端末を触らない						

図4　定着が図られた学習規律とその期間（1週目から2週目）

学習規律の定着を図った期間

	3週目							4週目						
15	16	17	18	19	20	21	22	23	24	25	26	27	28
情報端末を活用する授業に関する学習規律													
友達の発表中は情報端末を触らない													
							話を聞くときは情報端末を閉じる						
							教師の話を聞くときは前の画面に注目する						

図5　定着が図られた学習規律とその期間
　　（3週目から4週目）

ング調査から，背景には「管理」と「授業」の2つの場面があることがわかった。例えば，「情報端末の保管場所を指定する」は，Chromebookの管理を目的とした学習規律であり，「話を聞くときは情報端末を閉じる」は，授業を行うことを目的とした学習規律である。Chromebook が入ってきてから1カ月目には，「管理」に関する学習規律と「授業」に関する学習規律の両方が必要になってくる。

② 指導が行われた時期の比較

1週目には「管理」に関する学習規律を，2週目以降には「授業」に関する学習規律の指導を行っている。これは，Chromebookが入ってきてから，「管理」の仕方についての学習規律を定着させ，活用に慣れてきた段階で「授業」での活用についての学習規律の定着を図るという意図があった。

③ 指導内容の比較

学習規律によって異なった指導スタイルがとられた。「管理」に関する学習規律は子どもたち中心に，「授業」に関する学習規律

は教師中心に指導が行われた。これには学習規律の定着場面が関係する。「管理」に関する学習規律は授業以外の時間に定着が図られ，「授業」に関する学習規律は授業中に定着が図られていた。そのため，「管理」に関する学習規律は子どもたちが話し合いながら定着を図り，「授業」に関する学習規律は教師が主体となって定着が図られたのである。

内田佳途, 三井一希, 浅井公太, 棚橋俊介, 佐藤和紀(2020)1人1台の情報端末が導入されてから1ヶ月間の活用場面における学習規律の調査. 日本教育工学会研究報告集, 20（4）：5-10

（内田佳途）

❹ Chromebook の導入から 1カ月間の情報モラル指導

Chromebook が授業に入ってくると，情報モラル指導はどのように変化するのだろうか。また，教師はどのような点に情報モラル指導の負担感・困難さを感じるのだろうか。

棚橋学級の Chromebook の導入から1カ月間の情報モラル指導について，ヒアリング調査を実施した。3つのヒアリング項目の回答を整理したものが表1である。ここでは，いくつかの回答を取り上げる。

① 情報モラルに関連する事案の発生

Google ドキュメント，スライド，スプレッ

①情報モラルに関連する事案の発生	②Chromebookの導入による情報モラル指導の充実度の違い	③情報モラル指導の負担感・困難さ
共同編集時の勝手な編集・削除	ネット社会の問題をその場で話題にできる	授業を行うタイミングが明確ではない
オンライン上での不適切な言葉のやり取り	トラブル解決方法を実際に体験できる	教材や授業方法がわからない
	自分ごととして指導を捉えるようになる	教師の情報モラルに関する知識理解が低い
		トラブルが起きると授業が遅れる

表1　Chromebookの導入から1カ月間の情報モラル指導に関するヒアリング結果

ドシート等を使えば，グループのメンバー全員が同じファイルを同時に編集できる。棚橋学級では，Google Jamboard の共同編集時に，ある児童のデータが勝手に編集・削除される問題が起きた。これは子どもたちが操作に慣れていないためのアクシデントか，故意かは定かではないが，こういった問題はどの学級でも起こり得る。ネット上のルールやマナーを指導する機会としたい。

② Chromebook の導入による情報モラル指導の充実度の違い

「Chromebook を持つことで，子どもたちが情報モラル指導を自分事として捉えるようになったため，情報モラル指導が充実した」と，机上の空論になりがちであった従来の情報モラル指導から，当事者としての自覚を持ちやすい情報モラル指導へと変化したことを棚橋先生は話した。1人1台端末を持つことにより，実際の端末活用の場面に即した情報モラル指導が，子どもたちの実感を伴った理解へとつながりやすくなるだろう。

③ 情報モラル指導の負担感・困難さ

「1 情報モラルに関する授業の実施時期・指導方法・使用教材がわからない」，「2 情報モラルに関する知識不足」，「3 端末活用の場面で情報モラルに関するトラブルが起きると授業が遅れること」を棚橋先生は負担感・困難さとして感じていた。

　1～2は，1人1台端末環境が整備される前の情報モラル指導の負担感・困難さとしても挙げられていた点であり，依然として課題である。学校全体で情報モラル教育に対して共通認識を図ったり，教師の情報モラルに関する知識理解を高めるような取組みを考えたり等，これらの負担感・困難

さを軽減するようなアプローチを検討していく必要がある。

手塚和佳奈，佐藤和紀，三井一希，浅井公太，久川慶貴，棚橋俊介，堀田龍也（2020）1人1台端末導入1ヶ月の情報モラル指導に関する小学校教師の意識調査．日本教育工学会 2021 年春季全国大会講演論文集：285-286

（手塚和佳奈）

両学級の子どもたちに身についた ICT操作スキル

渡邉光浩●鹿児島女子短期大学児童教育学科・専任講師

活用の機会を多く設けることで，子どもたちは ICT を操作するスキルを身につけることができる。先生自身が自信がなくても，活用させることに躊躇せず，「子どもと一緒に学ぶ」「子どもに教わる」ぐらいの心構えでよいのではないだろうか。

❶ 両学級で身についた ICT 操作スキル

両学級の児童に，活用開始から 3 カ月後の 11 月末とその 1 カ月後の 12 月末，本実践に携わる研究者でリストアップした 181 個の具体的な操作スキルのそれぞれについて，「端末が来る前からできていた」「使い始めてからできるようになった」「まだできるようになっていない」「質問の意味がわからない」のいずれかを答えてもらった。

12 月分末の回答について，基本的な操作や主なアプリごとの操作スキルの回答をまとめたものが図 1 である。

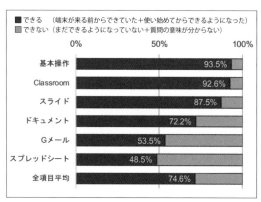

図1 操作できるかどうか（活用 4 カ月後）

「端末が来る前からできていた」と「使い始めてからできるようになった」が「できる」

である。図 1 は，この 2 つを合わせた割合が高い順になっている。あくまでも「できると思っているか」の結果だが，基本操作（電源や調節など）はもちろん，授業でよく使われている Classroom やスライドなどは，「できる」の割合が高い。一方，授業での活用がそれほど多くないスプレッドシートや G メールなどは，ほかの項目と比べると「できる」の割合がやや低い。

❷ 棚橋学級で身についた ICT 操作スキル

操作できると思っている割合について，導入前，3 カ月後，4 カ月後の変化をグラフに表した。

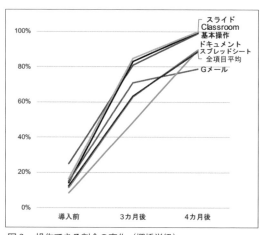

図2 操作できる割合の変化（棚橋学級）

図2は棚橋学級の変化である。棚橋学級の操作スキルについては「研究者の視点3」で詳しく述べられているが，全般にわたって，3カ月後までに一気にできる割合が高くなり，4カ月後にさらに高くなっている。

棚橋先生のように，教師がICT活用に詳しければどんどん活用させるので，操作スキルは伸びていく。

❸ 西久保学級で身についた ICT 操作スキル

一方，先生があまりICTの得意な方ではなかった西久保学級の変化はどうだろうか。

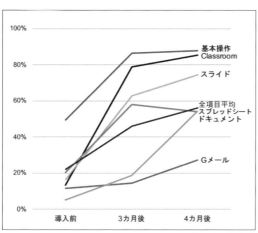

図3　操作できる割合の変化（西久保学級）

図3は西久保学級の変化である。西久保学級は，最初の3カ月の活用で，もともとできていた基本操作が，さらに伸びている。また，最初の頃から活用されていたClassroomやスライドなどのアプリで，できる割合が特に高くなっている。その後，西久保先生がほかのアプリも試すようになり，導入前に比べ，操作全般でできる割合が高くなってきている。

❹ 「子どもと一緒に学ぶ」「子どもに教わる」心構えで活用機会を

西久保先生は，自身の操作に自信がなかったものの，子どもたちは活用するうちに自分たちでできるようになったり，できる子が周りに教えたりするようになった。その姿を見て，先生は「自分が子どもたちに教わるぐらいのつもりでよいのではないか」と思うようになったという。

もし先生が操作に自信がなかったとしても，「子どもと一緒に学ぶ」「子どもに教わる」ぐらいの心構えでよいのではないだろうか。子どもたちはうまくいかないとき，自分で試したり，検索したり，わかる人に尋ねたりすればよいのである。先行き不透明な時代を生き抜く子どもたちには，困った時に自分で何とかする力は必要になるだろう。

活用したアプリは操作できるようになっていく一方で，活用の機会がないアプリまで試して，操作できるようになるわけではなさそうである。そこで端末を使い始めたら，授業や授業以外で，躊躇することなく多くの活用の機会を設けるとよいのではないだろうか。そうすることで子どもたちは操作に慣れ，スキルを習得していくだろう。クラウド前提のGIGAスクール端末だが，協働学習は基本的な操作スキルが身についてからでも遅くはないだろう。

活用の機会を設けたり，協働学習を進めたりする際には，細かな操作の指導より，「学習に関係ないことをしない」「話を聞くときは端末を操作しない」「書き込む言葉に気をつける」といった授業における学習ルールの徹底や相手を思いやる心を育てることなど，学級経営が重要になるだろう。

● 4ヵ月の実践一覧

月	週	テーマ		指導内容	指導のポイント
1ヵ月目	第0週	端末の設定	パスワードの設定	パスワードを設定し、Chromebookにログインする	・宿題で自分のパスワードを決めておき、自分で入力できるように練習させておく
	第1週	様々な学習方法を試す	学習規律	Chromebook導入直後のうちに、クラスの基本ルールを作る	・子どもたちに相談してよい方法を考えさせる
			Google Classroom	Classroomで資料や課題を提示する	・コメント欄に学習の流れを明記し、学習の見通しをもたせる
	第2週	子どもたちの慣れと、見えてきた課題	AIテキストマイニング	AIテキストマイニングでクラスのまとめを行う	・AIテキストマイニングの分析結果を使ってクラスのまとめを行ったり、学習計画を立てたりする
			Jamboard×計算練習	Jamboardを使って、グループで計算の仕方を見合う	・共有トラブルはスキル面とモラル面を強化する ・共同編集では一人一人に役割を与える
	第3週	教師の授業を設計する力が大切	学習のパターン化	子どもたちが一目で理解できるようなアイコンを作成する	・学習の流れをアイコンで表示し、児童にどのような学習をすればよいのか見通しをもたせる
			スプレッドシート×情報の整理	スプレッドシートを使って詩を作る	・文字のまとまりや行ごとにセルを分ける
	第4週	Jamboard×思考ツール	教室環境のDX（デジタルトランスフォーメーション）	連絡事項や時間割などをデジタル配信する	・作業に時間がかかるものはClassroomでお知らせする ・時間割や連絡を確認するタイミングは子どもたちに任せ、自分たちで創意工夫しながら生活できるようにする
			Jamboardと思考ツールの併用	Jamboardでまとめた思考ツールをクラウド上で共有し、お互いに見合う	・友だちの考えを見たい時は、共有されたClassroomフォルダにアクセスする
2ヵ月目	第5週	これまで使った機能をさらに掘り下げる	新しい意味調べ	これまでの意味調べや集めた画像をスライドにまとめ、図鑑を作成する	・スライドの表に調べた意味と画像を貼り付ける ・作成したスライドは印刷して1冊にまとめる
			使い方のバリエーションを増やす	フォームのグラフ化機能やスプレッドシートの共同編集で情報を可視化させる	・フォームの円グラフでクラスの考えを把握する ・共同編集機能を使って、リアルタイムに評価し合う
	第6週	端末の機能を使って効率化を図る	ネット上の機能を使う	計算機やタイマーなどのインターネットにある機能を学習に役立てる	・計算の過程はノートに記録し、確認として計算機を使わせる
			学期末のふり返り	学期末のふり返りをフォームで作成し、集計の手間を省く	・フォームのグラフ化機能を使ってその場でふり返り、課題意識をもたせる
	第7週	シンプルな機能をより効果的に	ショートカットキー	コピー＆ペーストのショートカットキーを使って、効率的に課題に取り組む	・学習場面で必要なショートカットキーを身につけさせる
			メールアドレスを使った共有設定	特定の人物とデータ共有して、係活動を活発化させる	・メールアドレスが書かれた紙をChromebookに貼らせ、覚えたら取らせる
	第8週	オンライン授業の準備開始	オンライン朝の会	Google Meetを使ってオンライン朝の会を行う	・「チャットはインターネット内の教室」という意識をもたせる
			思考ツールに慣れさせる	子どもたちに様々な思考ツールを触れさせることで、自分たちで最適なツールを選択できるようにする	・思考ツールの用途を押さえ、情報の整理の仕方を覚えさせる

月		週	テーマ	指導内容	指導のポイント
3ヵ月目		第9週	使える機能を増やす	チャット機能	チャット機能を使って情報共有をする	・教師を必ずチャットグループに招待する ・コメント機能で子どもたちの待ち時間をなくす
				新しいアプリに触れさせる	カレンダーを共有し、友だちの生活を把握する	・カレンダー共有で他者意識をもたせる
		第10週	子どもたち自らが授業をデザインしていく	デジタルポートフォリオ	デジタルポートフォリオで学習の見通しをもったり、これまでの学びをふり返ったりする	・自分で授業設計を考えることで、子どもたち自身が授業を作り上げる意識をもたせる
				ドキュメントの機能	音声入力機能や文字カウント機能を活用することで学びを調整する	・自分が話したことをふり返る場面で活用する
		第11週	主体的な学びへ	主体的な学びへの変化	子どもたちに見通しをもたせ、主体的に学びに取り組めるようにする	・学習問題の立て方や思考ツールの選び方を押さえる ・ルーブリックを作成し、見通しをもたせる
				スライドでの図形操作①	デジタルで図を操作し、試行錯誤しながら花壇の広さを比較する	・既習事項の「いくつ分で考える」視点をもって活動させる
		第12週	子どもたちが効率的な学習方法を考え始める	チャットによる学習形態の変化	チャット機能で学びを効率化する	・子どもたちの工夫したチャットの使い方を紹介し、効率的に学ぶ意識をもたせる ・「わからない」と発言したことを価値づける
				スライドでの図形操作②	複合図形を動かしたり色付けしたりして、面積の求め方を考える	・これまで身につけてきた、図形の挿入や移動、色付けなどを使って考えを表現させる
4ヵ月目		第13週	さらなるスキルアップを目指して	情報モラルの育成	チャットの使い方を確認し、壁紙を使って継続的に指導する	・実際のチャット場面を紹介し、自分事としてとらえさせる ・指導内容を壁紙に設定し、指導を継続させる
				キーボード入力スキルをさらに伸ばす	タッチタイプに挑戦する	・負担の軽い宿題を出し、スキルアップを目指す ・進捗状況を提示することで、競争意識をもたせる
		第14週	アプリ活用のレベルアップ	スプレッドシートの機能を使ったワークシートづくり	表計算とグラフ化機能を使った記録シートを作る	・表計算やグラフの結果を見ることで、次回への意欲を向上させる
				Classroomの課題機能	Classroomの課題機能で子どもたちの学習状況を把握する	・一人一人に励ましの言葉やアドバイスを与え、見通しをもたせる
		第15週	表計算の導入	子どもたち自ら表計算	子どもたち自らスプレッドシートに計算式を入力する	・子どもたち自身に計算式を入力させ、仕組みを理解させる ・どんな場面で活用できそうかイメージをもたせる
				小テストの作成	フォームのテンプレートを活用して、算数の小テスト作成する	・計算過程はノートに書かせる ・途中式を回答させるなど、思考の様子がわかるように工夫する
		第16週	モバイルディスプレイ革命	実験・観察カードのデジタル化	理科の実験・観察シートのテンプレートを作り、ポートフォリオに活用する	・理科の観察・実験カードをポートフォリオ化する ・実験結果は写真に残す ・実験中は各グループの端末台数を制限する
				モバイルディスプレイによる、学習パターンの定着	モバイルディスプレイを介してChromebookの画面を大きく見せ、プレゼンする	・端末で交流するか、モバイルディスプレイで説明するかは子どもたちに選ばせる ・活動前に授業の流れを子どもたちと押さえる

1人1台の情報端末を活用することで何が身につくか

佐藤和紀 ●信州大学教育学部・助教

GIGAスクール構想で学校が育てるべきは，「情報活用能力が身についた子ども」です。両学級の実践を見ると，第1週には大勢の大人が手取り足取り子どもを支援していました。しかし，16週目には子どもだけで外部ディスプレイに接続して，グループでのプレゼンテーションに取り組んでいました。4カ月の実践で，子どもたちはどのようにして情報活用能力を獲得し，成長してきたでしょうか。両学級の実践や学習ログから見えてきたことを通して，1人1台で何が身についていったかを考えます。

1 キータイピングの練習を通して何が身につくか

　新学習指導要領では，言語能力や問題発見・解決能力と並び，情報活用能力が学習の基盤となる資質・能力として定められています。情報活用能力が身についていなければ，子どもたちはICTを学習の道具として活用することはできません。まずは，学習者用コンピュータなどのICTを操作する力をしっかり指導して身につけさせることが必要です。

　キーボード入力はその代表となります。2015年に国が実施した情報活用能力調査では，小学校5年生の子どもたちは，キーボード入力が1分間に5.9文字しかできませんでした。これでは，いくらいい考えや文章が頭に浮かんでも表現することができず伝えることもできないということになります。子どもたちがICTを活用した授業ではキーボード入力の遅さが授業を停滞させ，貴重な時間を失うことになります。キーボード入力を学ぶ時間を確保し，繰り返し練習して支障のないレベルのスキルを身につける必要があります。

　棚橋先生の実践では，度々キーボード入力が取り上げられています。キーボー島アドベンチャー（スズキ教育ソフト）で毎日練習したり，ショートカットを習得したり，学級の学習状況を可視化したりすることで，時々子どもたちに刺激を与えてやる気にさせています。キータイピングの習得の過程は，時に辛く忍耐の時間にもなりますが，子どもたちの学び続ける力ややり抜く力を育み，繰り返せばできるようになるという達成感を味わわせています。

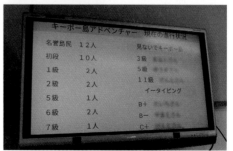

2 従来の学習活動がクラウドに 置き換わることで何が身につくか

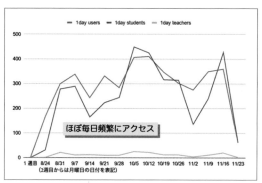

Classroom の作成ログでは，情報端末の活用が始まった8月末，両先生によって写真のようにクラスが作成され，その後，毎日頻繁にアクセスされています。Classroomを基盤にして，授業を始めたり，情報を共有したりするためです。Classroom から始める日常をつくることで，学校でも家庭でも Classroom を確認する習慣が身についていきます。

宮崎県都城市の学校では 2021 年1月に新型コロナウイルス感染症対策で休校となりました。西久保学級では Classroom を日常的に活用ことで，オンライン授業に取り組むことができました。

また，Classroom では，従来の活動が置き換えられることから始められています。例えば，棚橋学級の国語の Classroom には，友だちの作品を評価するために Google フォームが作られていて，9月4日にはこ

れを活用して学習活動に取り組んでいます。これまでは，評価するためのワークシートが配られていたはずですが，これがクラウドに置き換わっています。

ワークシートだと，先生が印刷室で印刷をして，教室で子どもたちに配布して，子どもたちが発表などを聞きながら評価をして，回収して，それを集計したり，あるいは評価された子どもにそのままワークシートを渡したりしていたことでしょう。これが Google フォームに置き換わったことで，自分の評価が一瞬で画面に表示され，どこがよかったのか，どこを改善したらいいのかがすぐにフィードバックされ，次の瞬間から意識して学習活動を行えることになります。

子どもたちは「クラウドを活用すれば効率的になること」や「すぐに評価がわかることが如何に学習にとって重要なことか」を体験的に学び，身につけていきました。そして，このことは先生自身の「働き方」に変化を及ぼし，圧倒的な時間短縮につながっています。

14 週目になると，学校生活のあらゆる場面で活動がクラウドに置き換わっています。コンピュータに数値を記録して計算，可視化することで，正確に自分の活動のふり返りができることを理解していきました。

3 クラウドでの協働学習で 何が身につくか

2カ月目の棚橋学級では，これまでの意味調べや集めた画像を Google スライドにまとめてみんなで図鑑を作成したり，Google スプレッドシートの共同編集機能を使って情報を可視化したりして，協働学習が活発になっている様子がわかります。西久保学級

でもクラウドを活用して共同編集している様子が見られました。

共同編集の初期段階には，うっかり他の人の記述を消してしまうことがよくあります。これは子どもたちのICTやクラウドへの知識や技能が低いことが原因です。何を押すと消えてしまうのか，何をすると書き換えられてしまうのか。失敗とふり返りを繰り返し，クラウド上で共同編集するためのコツや知識，技能を獲得していきました。

もちろん知識や技能を身につけていくと悪ふざけをする児童も出てきます。これは，子どもたちが道具を使って遊び足りていない状況です。よく遊ばせ，練習を積み重ね，適切な指導を通して，学習目標に沿った協働学習へとたどり着きます。両学級ともこうしたプロセスを踏んでいます。

クラウドで共同編集，協働学習を積み重ねていくことで，チームで取り組むことにより効率的な活動ができたり，一人では解決できなかったことが解決できたりすることを理解していきました。また，他の人や他のグループの考えが見えることで，考えを深めるヒントや足場かけになることを理解したり，コミュニケーションの仕方やクラウド上での表現方法を習得したりしていきました。

情報端末を活用した学習活動には懸念がつきものです。教育委員会や先生方，保護者は「学習以外で使用するのではないか，トラブルに発展するのではないか」と考えます。共同編集では，コメントを書き換えたり消したりした時にどうすればいいかと懸念される先生が多い印象です。しかし，学級経営や生徒指導が上手くいっている学級は，たとえ何かが起きたとしても，指導すれば子どもたちはすぐに正しい使い方を

するようになっていくことでしょう。もちろん初期段階はいろいろなトラブルがあるかもしれません。しかし，これも情報社会で上手にICTを活用するための練習となります。学校が失敗して学んでいく場所であるとするならば，こうした失敗すらも学びとなるはずです。

これまでの学校は情報端末が入っていなかったために，情報社会における失敗の練習ができませんでした。だから深刻な事案へと発展していった事例が多かったと考えてもいいでしょう。

棚橋先生が「これまでの情報端末の指導は，学校の外のことで，事件やいじめが起こっても後手に回って指導していましたが，今は情報端末を常に持ち，常に活用することで，日常的な生徒指導とほぼ変わらない感覚になるはずです」と話してくれたことが印象的でした。

４ 子ども主体の学習を目指すと何が身につくか

Googleスライドのログを見ると２カ月目までは先生がスライドを作成していますが，３カ月目からは児童がスライドを作成しています。これまでは先生が作ったテンプレートの上で学習していましたが，子どもたちがファイルを作り，自分で情報を構成しはじめたことがわかります。Googleドキュメントのログを見ると10月，11月と作成が増えています。単元を通して文章を作成する学習活動が始まったことがわかります。

先生が子どもたちに「ファイルを作成する活動を任せる」ということは，子どもたちが（1）学習活動に沿って，情報をどのように収集し，整理すればいいかを理解している，（2）学習目標に従って，情報をど

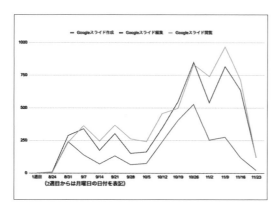

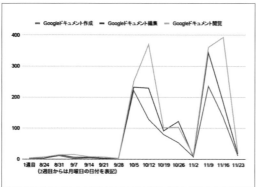

のように構成して表現すればいいかを理解している，（3）一連の操作ができる ICT スキルが身についてきている，と判断できた，ということでしょう。もちろん不十分な点も多く，これから指導しなければいけない項目も山ほどあるはずです。しかし「先生に任せてもらえた」という事実は，子どもへの信頼を示すことにもなるので，きっと子どもたちは自信を持って学習に取り組んだことと思います。学習過程が探究的になってきたともいえますし，先生がそのことを意識して授業設計してきたとも言い換えることができるでしょう。

　また，閲覧数は作成数よりも多いことから，作成されたファイルを子ども同士で見合い，評価し合う活動がより活発になっていることがわかります。情報技術を活用しながら「どのようにコメントすれば，相手に伝わるのか」「どんな言葉を使えば，議論

が進むのか」「どんな言い方をすれば相手は傷つくのか」を体験的に身につけていきました。

5 おわりに

　棚橋学級と西久保学級に共通することは「毎日少しずつ積み重ねる」，「毎日少しずつ活用する」，「毎日同じことを繰り返し，少しずつ新しいものを取り入れる」，その中で子どもたちと相談し議論しながら，情報端末を活用した取組みを高め合ってきたことです。また，個別学習，一斉学習，協働学習，どういった形態で授業が進められようとも，クラウド上で常にデータが共有され，常に誰かが誰かの学習情報を参照し，場合によっては質問や相談が行われてきました。

　このことがクラウドの理解，共有すること，協働することのよさ，学習内容の深い理解につながっていました。

　堀田（2020）は，これからの時代に育てるべき人材像を「情報活用能力が身についた人材」「情報技術を体験した人材」「変化に負けないマインドを持った人材」であると示しています。両学級ともに，情報技術を体験しながら学習を進める中で，従来の学習方法と情報端末の活用を融合させながら，少しずつ情報活用能力が育まれ始めました。これから，この子どもたちは何ができるようになり，どのように学習を進められるようになって，世の中をどのように見られるようになっているのでしょうか。楽しみでなりません。

参考文献
堀田龍也，為田裕行，稲垣忠，佐藤靖泰，安藤明伸（2020）学校アップデート：情報化に対応した整備のための手引き．さくら社

GIGA スクールはじめて日記：Chromebook と子どもと先生の４カ月

素材一覧（サイト）

GIGAスクールはじめて日記：
Chromebookと子どもと先生の４カ月
素材一覧

　このサイトでは本書の日記を綴った静岡県焼津市立豊田小学校　棚橋俊介先生が，ご自身の学級で Chromebook が教室にやってきた日から授業で使用してきた素材テンプレートをご紹介しています。

　棚橋学級で使用された素材を国語，算数，理科，社会，体育，ふり返り，学級経営の７つのカテゴリーに分けて掲載。「素材はこちら」をクリックすると，ご自身の Google ドライブに素材のコピーが保存されるようになっています。

　素材は小学校４年生のクラスで実践されたものですが，ご利用の際にそれぞれの先生方でアレンジしていただけるものになっていますので，今後の授業実践の参考にしてみてください。

素材サイト URL：https://sites.google.com/view/gigaschool-diary

掲載素材例

■ Google Jamboard、Google スライド、Google フォーム（スローガン決め）

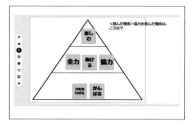

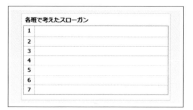

スプレッドシートの各班の意見を匿名で多数決

①スポーツデーのスローガンに入れたいキーワードを発表で出し合う。

②どの言葉を一番大事にしたいかピラミッドチャートで優先順位を決める。（グループごと）

③全体でスローガンに入れるキーワードを決定し，各班でスローガンを考える。考えたスローガンはスライドの表に班ごと記入する。

④フォームでどの班のスローガンがよいか多数決する。

■ Google スライド、Google Jamboard（小４国語「ごんぎつね」ごんと兵十の気持ちの変化）

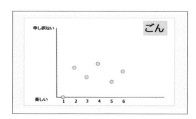

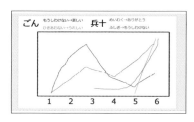

物語の各場面で登場人物の気持ちがどのように変化しているのか可視化するために，グラフを使った（グラフは表で作成したかったが，うまく作成できなかったのでスライドの「図形の挿入」で枠を作っ

た）。

　グラフの横軸は場面番号，縦軸は気持ち（０〜５で数値化している）を表している。あらかじめ教師が挿入していた点を子どもたちが動かして，登場人物の気持ちの変化を考えた（グラフは４種類作成）。

　登場人物の気持ちの揺れ動きをグラフに表した。これらのグラフは別々のデータとして作成したため，重ね合わせることにした。

　教師が４種類のグラフを見て，Google Jamboardの手書き入力で折れ線グラフを描いた。全てのグラフが重ね合わさることで，登場人物の気持ちがどう変化していくのか子どもたちは考えていた。

　教科書から「ごん」と「兵中」の心の揺れ動きを読み取り，グラフ上のプロットを動かす。

　作成したプロット図を線で表し重ね合わせることで，「ごん」と「兵中」の気持ちの変化やすれ違いを可視化した。

■ Google スプレッドシート（小4国語「各段落に題名をつけよう」）

　説明文の構成を考えるために，段落ごとの内容を要約し，題名をつけた。題名はグループで話し合って決め，グループごとに作成された表に題名を記入した。

　作成された表は全体で確認し，内容のまとまりに意識して文章を「はじめ・中・終わり」の3つに分けた。

■ Google スライド（小4算数「畑の面積は？」面積計算）

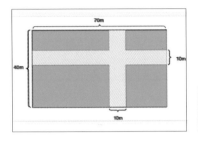

　2本の道によって区分けされている土地の面積を求める場面で資料を作成した。資料の作成方法は簡単で，大きな長方形の中に2本の長方形を挿入しただけである（大きな長方形は緑，2本の長方形は黄色）。

　子どもたちは2本の長方形を操作して，緑色に塗られた部分の面積の求め方を考えた。Google スライドでは図形を簡単に動かすことができるため，子どもたちはすぐに長方形へと変形できることに築き，面積を求めることができた。

■ Google スプレッドシート（小4社会　PR ポスター評価セッション）

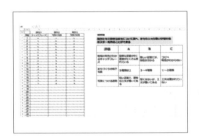

　社会科の「歴史を生かしたまちづくりポスター」の相互評価を行うために Google スプレッドシートを活用した。シートにはルーブリックを貼り付けて評価基準を確認できるようにしておいた。ルーブリックの観点に合わせて表を作成し，ドロップダウンリストでA・B・Cのどれかを選択できるようにしておいた。机上にポスターと自分の評価シートを開いた Chromebook を設置し，友だちが見たらその場で評価してもらえるようにした。

■ Google スプレッドシート（冬休みの課題 提出チェックシート）

　長期休暇明けの宿題集めの場面でスプレッドシートを活用した。スプレッドシートには「○」と「忘れ」を選択できるドロップダウンリストを準備しておいた。

　子どもたちは課題を提出する前に自分でドロップダウンリストを選択して提出状況を報告した。その後、教師の指示で課題を回収した。

　これまでよりも手間取ることなく課題を集めることができた。

●監修者

堀田龍也 _{（ほりた たつや）}

東北大学大学院情報科学研究科・教授
1964年熊本県天草生まれ。東京学芸大学教育学部卒業。博士（工学）（東京工業大学）。東京都公立小学校・教諭，富山大学教育学部や静岡大学情報学部・助教授，メディア教育開発センター・准教授，玉川大学教職大学院・教授。文部科学省・参与等を経て，2014年より現職。教育再生実行会議初等中等教育WG・有識者，中央教育審議会・委員等を歴任。2021年より日本教育工学会・会長。著書に『学校アップデート - 情報化に対応した整備のための手引き』（さくら社），『情報社会を支える教師になるための教育の方法と技術』（三省堂），『PC1人1台時代の間違えない学校ICT』（小学館）など

佐藤和紀 _{（さとう かずのり）}

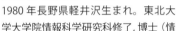

信州大学教育学部・助教
1980年長野県軽井沢生まれ。東北大学大学院情報科学研究科修了，博士（情報科学）。東京都公立小学校・主任教諭，常葉大学教育学部・専任講師等を経て，2020年より現職。文部科学省 教育の情報化に関する手引 執筆協力者，同児童生徒の情報活用能力の把握に関する調査研究委員，同ICT活用教育アドバイザー等を歴任。2021年より日本教育工学会・代議員。著書に『子どもも教師も元気になる「あたらしい学び」のつくりかた：デジタルトランスフォー

メーション時代の教育技術・学級経営』（学芸みらい社），『情報社会を支える教師になるための教育の方法と技術』（三省堂）など

三井一希 _{（みつい かずき）}

常葉大学教育学部・専任講師
1982年山梨県北杜市生まれ。熊本大学大学院教授システム学専攻修了，修士（教授システム学）。山梨県公立小学校・教諭，台北日本人学校（台湾）・教諭を経て，2020年より現職。文部科学省ICT活用教育アドバイザー，焼津市 教育の情報化アドバイザー，北杜市立小中学校ICT活用教育研究会アドバイザー等を歴任。著書に『最新教育動向2021』（明治図書），『MESHではじめるプログラミング教育実践DVDブック』（ソニービジネスソリューション）など

渡邉光浩 _{（わたなべ みつひろ）}

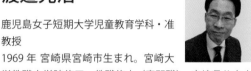

鹿児島女子短期大学児童教育学科・准教授
1969年 宮崎県宮崎市生まれ。宮崎大学教職大学院修了，教職修士（専門職）。宮崎県公立小学校・教諭，2018年より専任講師を経て現職。鹿児島県 かごしま「教育の情報化」推進連絡協議会委員。著書に『改訂新版　私たちと情報〔情報活用スキル編／情報社会探究編〕』（学研）など

●著者

棚橋俊介 _{（たなはし しゅんすけ）}
［4カ月17週間の日記］

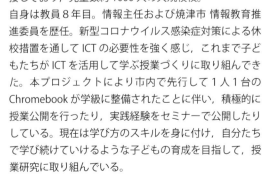

静岡県焼津市立豊田小学校・教諭
焼津市立豊田小学校は，西焼津駅に隣接しており，児童数約1000人の大規模校。
自身は教員8年目。情報主任および焼津市 情報教育推進委員を歴任。新型コロナウイルス感染症対策による休校措置を通してICTの必要性を強く感じ，これまで子どもたちがICTを活用して学ぶ授業づくりに取り組んできた。本プロジェクトにより市内で先行して1人1台のChromebookが学級に整備されたことに伴い，積極的に授業公開を行ったり，実践経験をセミナーで公開したりしている。現在は学び方のスキルを身に付け，自分たちで学び続けていけるような子どもの育成を目指して，授業研究に取り組んでいる。

西久保真弥 _{（にしくぼ まや）}
［1カ月ごと4カ月分の写真記録］

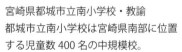

宮崎県都城市立南小学校・教諭
都城市立南小学校は宮崎県南部に位置する児童数400名の中規模校。
私自身は今年度初めて第6学年担任となり，児童には小学校生活最後の思い出をたくさん作るはずだったが，新型コロナウイルス対策のため各種行事の削減が行われた。しかし，今回1人1台Chromebookが整備されたことにより，試行錯誤しながらも貴重な体験を児童と共に経験することができた。様々な機器やサービスの活用は，大変効果があるが，それらのサービスの先には人がいることを常に意識するような指導を心がけている。

●執筆協力

焼津市立豊田小学校・校長	浅賀貞春
焼津市立豊田小学校・主幹教諭	倉嶋義人
宮崎県都城市教育委員会・指導主事	細山田 修
常葉大学教育学部	三井一希研究室 (南條 優 , 内田侹迩 , 手塚和佳奈)

Google for Education

GIGA スクールはじめて日記
Chromebook と子どもと先生の 4 カ月

2021 年 4 月 3 日　初版発行
2021 年 10 月 8 日　3 刷発行

監修者	堀田龍也・佐藤和紀・三井一希・渡邉光浩
著　者	棚橋俊介・西久保真弥
発行者	横山験也
発行所	株式会社さくら社

〒 101-0051　東京都千代田区神田神保町 2-20 ワカヤギビル 507 号
TEL：03-6272-6715 ／ FAX：03-6272-6716
https://www.sakura-sha.jp　郵便振替 00170-2-361913

ブックデザイン　佐藤 博
印刷・製本　中央精版印刷株式会社